近代以来海外涉华艺文图志系列丛书　本卷主编：张明杰

云冈日录

[日] 木下杢太郎 著

赵 晖 译

中国画报出版社

图书在版编目（CIP）数据

云冈日录/（日）木下杢太郎著；赵晖译. —— 北京：中国画报出版社，2017.11（2024.7重印）
（近代以来海外涉华艺文图志系列丛书）
ISBN 978-7-5146-1282-0

Ⅰ.①云… Ⅱ.①木… ②赵… Ⅲ.①云冈石窟 – 佛像 – 石刻 – 造像 – 图集 Ⅳ.①K879.222②K879.32

中国版本图书馆 CIP 数据核字 (2016) 第 048265 号

"十三五"国家重点图书出版规划项目
国家出版基金资助项目

云冈日录	[日]木下杢太郎 著　　赵晖 译

出 版 人：于九涛
项目主持：于九涛　齐丽华
本卷主编：张明杰
责任编辑：于九涛
执行编辑：杜莉
责任印制：焦洋

出版发行：中国画报出版社
地　　址：中国北京市海淀区车公庄西路 33 号　邮编：100048
发 行 部：010-68469781　010-68414683（传真）
总编室兼传真：010-88217359　版权部：010-88417359

开　　本：16开（787mm×1092mm）
印　　张：16.75
字　　数：180千字
版　　次：2017 年 11 月第 1 版　2024年7月第4次印刷
印　　刷：徐州绪权印刷有限公司
书　　号：ISBN 978-7-5146-1282-0
定　　价：78.00 元

主编序[1]

木下杢太郎（1885—1945），原名太田正雄，本职为医师，但同时又是诗人、剧作家和宗教美术学者。毕业于东京大学医学科，专攻皮肤医学，后留学法国，成为皮肤科领域的权威。其多才多艺，在天主教、美术史等研究方面也都取得了卓越成就。曾主持过南满医学堂，辞职后，漫游中国、朝鲜及欧洲诸国，留下了大量素描和随笔作品。有25卷本《木下杢太郎全集》（岩波书店）。

木下杢太郎于1920年9月游历云冈，为当地精湛的石窟艺术所陶醉，滞留17日，并记下《云冈日录》。后出版的《大同石佛寺》（与木村庄八合著，1921年，中央美术社），即此次参观考察记录之汇总，是作者众多著作中特别重要的一部，也是日本诸多云冈文献中十分独特的一部。遗憾的是，由于遭遇关东大地震（1923年9月），初版本多半焚失。1938年木下单独改订出版，两年多时间再版三次，成为畅销书。可以说，通过其作家的文笔，云冈石窟才广为日本读者所知。

本书的最大特点在于，并非完全学究式的研究考证，而是从一个敏锐的文学家和美术史家的角度，对石刻造像及其艺术所做的观感和描述。读来形象生动，令人陶醉。另外，本书还附有百余幅十分清晰的照片和作者手绘的六十余幅素描插图，对复原云冈石窟的历史，研究中国石窟艺术具有重要参考价值。

本卷主编 张明杰
初稿于2016年夏秋之交
2017年初稍作修改

---

[1] 本丛书的整体总序，请参考张明杰《越境的学术——中国艺文图志总序》（北京大学《国际汉学研究通讯》第十三、十四合辑，2016年12月）。

《云冈日录》再版序言

现在想来那已经是十八年前的旧事了，我终于获得一个机会去探访耳闻已久的云冈石佛寺并在那里逗留了十几天，每日里沉浸于无尽的清福之中。这也幸亏偶然遇到了木村庄八这个好旅伴。当时正值青春华年的两个人，与其说是被云冈石佛寺在佛教史方面的价值所吸引，毋宁说是陶醉在了云冈石佛的艺术情趣里。此后我们回到了东京，把游历云冈的日记整理了出来。将一系列出版事宜委托给木村君后，我便踏上了远赴美国的旅途。这样，此后由中央美术社刊行出来的书籍就是我们二人合著的《云冈日录》。该书出版时印数较少，且一半毁于东京大地震[1]中，因此，能够有机会阅读到此书的有缘雅士想必不会很多。

相隔十八年后的今日，当座右宝刊行会敦促我将该书的一部分加以整理后进行再版时，我相当犹豫。然而，由于早年在北京相识的友人、曾拍摄了数百幅云冈石窟照片的山本明先生欣然应允将其中的一百余幅翻印后插入书中，这就相当于增加了图谱说明，因此，我也就同意了重新出版一事。

我们第一次去探访云冈石窟的时候，记载石窟石像的资料还非常少，只有伊东博士[2]的一部旅行记、松本博士[3]的一本《中国佛教遗物》、沙畹[4]及大村西崖[5]二人各自绘

---

1 此处的"东京大地震"是指发生在1923年9月1日的那场7.9级大地震，地震后失踪及死亡人数达14万人。——译者注

2 伊东忠太（1867—1954），日本山形县人，建筑史学家，主要研究日本以及东洋建筑史。东京大学教授，位于东京的明治神宫及筑地本愿寺的设计者。主要著作有《法隆寺建筑论》《伊东忠太建筑文献》等。

3 松本文三郎（1869—1944），从日本明治时代到昭和时代印度文化及佛教史研究的先驱者、开拓者。京都大学教授，并曾任京都大学校长，共两届七年。主要著作有《中国佛教遗物》《印度的圣人》和《佛教与佛教艺术》等。

4 埃玛纽埃尔-爱德华·沙畹（Emmanuel-èdouard Chavannes，1865—1918），学术界公认的19世纪末20世纪初世界上最有成就的中国学大师，同时也是世界上最早整理研究敦煌与新疆文物的学者之一，被视为法国敦煌学研究的先驱者。他一生治学谨严，涉猎广泛，其著述博大精深。他翻译《史记》，研究中国佛教，考察文物、碑帖，钻研古文字、西域史、突厥史、中国地理、道教等，成就斐然。

5 大村西崖（1867—1927），本名盐泽峰吉，日本著名美术史家、美术评论家。主要著作有《中国绘画小史》《中国美术史雕塑篇》等。

制的图谱和陈垣先生的考证资料等,仅此而已。

由于不熟悉摄影技术,我对所观之处进行写生时多少融进了一些幻想的成分。除了那些写生之外,我们还将山本明先生第一次拍摄的云冈摄影作品中的三十幅以及沙畹和大村西崖先生绘制的几幅图谱分别收进了前一版书中。《云冈日录》中关于写生的记述颇多也正缘于此。然而,这次删掉了一半写生作品,余下的一半分别插到了正文当中。

有时候,我们所欣赏的景观与摄影师们的兴趣所在不甚一致;同时,我们的肉眼与照相机的镜头亦有迥异之处,所以,《云冈日录》的正文和图片的内容并非完全一致,这也实属无奈。其中,最明显的一例便是位于第七窟(由沙畹绘制)的外墙高处的那尊大坐像。在熹微的晨光中或薄暮的夕阳下从远处仰望,内心总是不由得被大佛那庄严而又慈悲的容颜所深深打动。然而,在太阳灿然朗照的白天一旦透过相机镜头映照在干板上(第六十三幅图片),显现出来的则不过似一尊古拙的雕像而已。但与此同时,相机也有它独到的功劳,因为它拍摄下了许多尊我们无意中曾忽略了其精美之处的、原本美轮美奂的佛像(第十四幅图片)。

对某种事物的鉴赏与评价往往也会因时而异。当年我们参观第十九窟时,并没有感觉到太强烈的感动,因此,对十九窟所作的记录文字也非常少。然而,现在想来,无论如何第十九窟都堪称云冈石窟中第一流的佛像,我真应该对其投入更大更深的热情和关注才是。

由于上述原因,我们一直在考虑我们所著的《云冈日录》是否也应该原封不动地进行再版,此外,在我们探访了云冈石窟之后,也有众多的云冈石窟见闻录以及相关研究成果接踵问世;而同时,对其中一、二面碑刻的最新发现亦相继出现,在各个流派的见解和评论里面,值得我们虚心倾听的内容也越来越多。

因此,在旧稿重新出版之际,深感有必要或是增删旧作进行再版,或是另起炉灶重写新稿以修补旧稿的缺漏。然而,实际上我那部旧作与其说是云冈艺术研究专著,不如说只是记录了探访云冈石窟所记忆的印象而已,所以,旧稿即使就那样原封不动地再版亦无大碍。并且,那些比我们的旧作晚些时间出版的相关著作,幸好有座右宝刊行会的斋藤菊太郎先生不辞劳苦地鼎力相助才收集到,我也因此才能够一点点地抄录下其中部分内容,并且忙里偷闲地匆匆赶出一两篇新稿附于卷末,最终,我还是同意了对此书进行再版。

云冈石窟而今的状况如何呢?作为曾一度游历彼方的一个旅人,无论谁都会对云冈怀着几分忧虑吧。据今年曾视察过当地的三上次男先生[6]的记述所讲，仅看五月的状态，那么"新近所遭受到破坏的（佛像）数量，从全体结构来看，尚不值一提"。并且，去年九月二十日公布了宣言，意在保护这片拥有一千五百年历史的古迹，因此，读者诸君大可放下心来吧。

这本书里，特地加进去了许多幅照片，如果由此能成为鉴赏北魏古迹的一份指南，那么，本人将不胜荣幸。

昭和十三年十月十七日

（1938 年 10 月 17 日——译者注）

作　者

---

[6] 三上次男（1907—1987），生于京都，曾任东京大学教授和青山学院大学教授，专业为东北亚历史，1945 年日军战败后曾远赴埃及、伊朗等地实地考察陶瓷器的遗址，从而开拓了陶瓷贸易史的研究领域。主要著作有《陶瓷之路》和《金史研究》等。

初版序言

中国山西省大同府的云冈石佛寺在日本的考古学界大概已是一个由来已久的研究课题了。仅据我所知,就有伊东、冢本[7]、关野[8]等诸位博士取得了一定的研究成果;而公开发行的图谱中,也有大村西崖所著的《中国雕塑史》附图;此外,在西方人的著作中,有爱德华·沙畹(E.Chavannes)的《华北考古考察图谱》(*Mission Archéologique Dans La Chine Septentrionale*)。记忆中,由工科大学的诸位博士所搜集的资料已经公开发表的似乎略嫌少些。

在中国,这些雕像在清朝曾多次进行过修复。然而,时至今日,我们似乎尚未看到它们被视为杰出的美术作品以及文明史上的宝贵遗产,并从这个角度上得到过真正的爱惜。民国八年(1919)的《东方杂志》上刊载了一位署名陈垣的人所著的《记大同武州石窟寺》一文,发表了对这座石窟寺进行的考证记录。想必这是受了伊东博士发表的论文的刺激而动笔完稿的吧。

此外,松本博士在其著作《中国佛教遗物》中,也有一篇文章记述了对云冈石佛寺的观感和考证。

然而,这座石佛寺尚未在日本的美术界引起关注。实际上,千里迢迢来到如此偏远之地、带着美术鉴赏的眼光来观察这座石佛寺的美术家实属寥寥。依我们所见,作为一名雕塑家或者画家,仅仅是为了亲眼一瞻这一尊尊石佛,也值得去中国留学一趟。

我于大正九年九月(1920年9月)与木村君在这座寺里待了十几天,仔细地研究了那里的石刻佛像。每日里,我们写生、绘制写生图谱、复制拓本以及平面图,并把每天的工作状况都用文字记录了下来。之后,又在北京得到了山本照相馆所拍摄的三十幅云冈石佛寺的照片,每一幅图像的特色都十分鲜明。

当年十二月回到东京后,我们决定就这座石佛寺进行一下记述。然而,由于我本人为种种俗务所扰,无暇对相关文献、考证、各流派研究的沿革进行调查研究,亦无

---

7 冢本靖(1869—1937),建筑家。曾在东京帝国大学担任过建筑创意、装饰与工艺的研究、指导工作。

8 关野贞(1868—1935),建筑史研究家。东京大学教授,因致力于文物保护而知名。主要著作有《中国文化史迹》《韩国建筑调查报告》等。

暇从东洋文明史以及东西方文明交流史的角度对云冈石佛寺中的作品进行评论。只是为了防止资料散佚，无论如何都要把我关于云冈石佛寺的每日记录进行增补后付梓发行。此后，亦想在其他方面陆续着手研究。

大正十一年九月

（1922 年 9 月——译者注）

作者于东京

目　录

主编序 1
《云冈日录》再版序言 2
初版序言 5
云冈日录（上）... 51
云冈日录（中）... 98
云冈日录（下）.. 157
云冈佛龛的名称 181
大同美术中的犍陀罗要素 191
　　一、佛传图 197
　　二、每座雕像的姿势 197
　　三、花纹的类似程度 202
附　录 215
　　一、大同石佛杂谈 216
　　二、北魏的造像 223
　　三、云冈石佛文献摘录 234
跋 257
译后记 261

图片目录

第一幅图片　第十九窟 大露佛细部 14
第二幅图片　第十九窟（白耶佛洞）大露佛主像及胁侍菩萨 15
第三幅图片　第十九窟 大露佛细部 16
第四幅图片　第十七窟（阿閦佛洞）门口拱洞北侧 17
第五幅图片　第十八窟外观 18
第六幅图片　中央石窟自第一窟至第九窟 19
第七幅图片　东堂（第一窟）中堂（第二窟）及西堂（第三窟）............... 20
第八幅图片　五大洞及其西侧的几座洞窟（自第五窟至第七窟）............... 21

第九幅图片	第七窟外壁上部中央及东侧的佛龛	22
第十幅图片	第七窟外壁东侧上部	23
第十一幅图片	第七窟外壁上小龛 B.C	24
第十二幅图片	第七窟外壁上小龛 F	25
第十三幅图片	第十八窟主像台座侧面人物像	26
第十四幅图片	第十二窟佛龛二佛	27
第十五幅图片	第十二窟佛龛二佛之右方上半部	28
第十六幅图片	第四窟（佛籁洞）门口拱洞西侧	29
第十七幅图片	第四窟（佛籁洞）门口拱洞西侧细部　毗纽天像	30
第十八幅图片	第四窟（佛籁洞）门口拱洞东侧	31
第十九幅图片	第四窟（佛籁洞）门口拱洞东侧细部　湿波天像	32
第二十幅图片	东端第一窟西壁的佛像	33
第二十一幅图片	云冈石窟全景	34
第二十二幅图片	石佛寺及五大洞外观	36
第二十三幅图片	石佛寺前景	37
第二十四幅图片	石佛寺东堂（第一窟）及中堂（第二窟）	38
第二十五幅图片	第一窟东方小窟外观	39
第二十六幅图片	第一窟西壁上部诸龛	40
第二十七幅图片	第二窟中央上部南方大佛	41
第二十八幅图片	第二窟正殿东壁上部	42
第二十九幅图片	第二窟正殿中央佛柱东方主佛	43
第三十幅图片	第二窟正殿东侧诸佛及其上段	44
第三十一幅图片	剥掉第二窟正殿中央大佛柱南方主佛西侧诸佛重修之假面的东西	45
第三十二幅图片	由第二窟正殿中央大佛柱南方主佛西侧诸佛头像而剥掉的重修之假面	46
第三十三幅图片	第二窟第三楼菩萨像（西面）假面剥掉之前	47
第三十四幅图片	第二窟第三楼菩萨像（西面）假面剥掉之后	71
第三十五幅图片	第二窟东南壁的下部	72
第三十六幅图片	第二窟正殿东壁中部的塔	73
第三十七幅图片	第二窟北方双体佛	74
第三十八幅图片	第二窟北壁佛龛上部的装饰	75
第三十九幅图片	第二窟东壁上段	76
第四十幅图片	第二窟东壁上的释迦传（其一）太子竞射图	77

第四十一幅图片	第二窟东壁上的释迦传（其二）后宫嬉游图	78
第四十二幅图片	第二窟东壁上的释迦传（其三）父子对话图	79
第四十三幅图片	第二窟东壁上的释迦传（其四）邂逅老者图	80
第四十四幅图片	第二窟东壁上的释迦传（其五）邂逅病者图	81
第四十五幅图片	第二窟东壁上的释迦传（其六）邂逅死者图	82
第四十六幅图片	第二窟东壁上的释迦传（其七）邂逅后宫沙门图	83
第四十七幅图片	第二窟东壁上的释迦传（其八）妇女睡眠图	84
第四十八幅图片	第二窟东壁上的释迦传（其九）逾城出家图	85
第四十九幅图片	第二窟东壁上的释迦传（其十）入山苦行图（一）	86
第五十幅图片	第二窟东壁上的释迦传（其十一）入山苦行图（二）	87
第五十一幅图片	第三窟上部西南角的上壁	88
第五十二幅图片	第三窟南壁下部门口西侧	89
第五十三幅图片	第三窟南壁门口上部	90
第五十四幅图片	第四窟（佛籁洞）入口第五窟的外观	91
第五十五幅图片	第四窟前壁藻井	92
第五十六幅图片	第四窟前壁门口上部	92
第五十七幅图片	第五窟正殿前壁上窗拱洞	93
第五十八幅图片	第六窟（毗庐佛洞）副殿东壁	94
第五十九幅图片	第八窟副殿东北侧壁	95
第六十幅图片	第八窟副殿藻井（其一）南侧	96
第六十一幅图片	第八窟副殿藻井（其二）西侧	96
第六十二幅图片	第八窟副殿藻井	97
第六十三幅图片	第七窟前面的一龛	116
第六十四幅图片	东方石窟全景（右起）及东端第一窟、第二窟和东方大窟	117
第六十五幅图片	东端第一窟（右）及东端第二窟（左）略景	118
第六十六幅图片	东端第一窟（石洞）内部的塔柱	119
第六十七幅图片	东端第一窟东壁下部北侧释迦传 逾城出家图	120
第六十八幅图片	东端第一窟东壁下部释迦传 太子竞射图	120
第六十九幅图片	东端第一窟（寒泉洞）内部塔柱	121
第七十幅图片	东端第二窟东壁的上部	122
第七十一幅图片	东端第二窟东壁的细部	123
第七十二幅图片	东方大窟（灵严寺洞）主佛像及胁侍菩萨	124

第七十三幅图片	东方大窟左侧的胁侍菩萨	125
第七十四幅图片	东方大窟右侧的胁侍菩萨	126
第七十五幅图片	第四洞内部的佛像（其一）	127
第七十六幅图片	第四洞内部的佛像（其二）	128
第七十七幅图片	西方石窟 从第十窟到第十五窟	129
第七十八幅图片	第十窟前景	130
第七十九幅图片	第十窟西壁的上部	131
第八十幅图片	第十三窟（接引佛洞）东南隅壁	132
第八十一幅图片	第十四窟（普贤菩萨洞）的内部	133
第八十二幅图片	第十四窟（普贤菩萨洞）门口拱洞的东侧	134
第八十三幅图片	第十五窟上窗拱洞的东侧	135
第八十四幅图片	第十六窟（宝生佛洞）的内部	136
第八十五幅图片	第十七窟门口拱洞的东侧	137
第八十六幅图片	第十七窟北壁左侧的胁侍菩萨	138
第八十七幅图片	第十八窟东北壁右侧的胁侍菩萨	139
第八十八幅图片	西方石窟（其一）从第十窟到第二十窟	140
第八十九幅图片	第十九窟（白耶佛洞）概略图景	141
第九十幅图片	第十九窟大露佛主像	142
第九十一幅图片	第十九窟大露佛主像头部	143
第九十二幅图片	第十九窟主像光背细部	144
第九十三幅图片	第二十窟东壁	145
第九十四幅图片	西端A、B窟附近外观	146
第九十五幅图片	西端D、E窟间的废洞	146
第九十六幅图片	西端E、F、G、H诸石窟外观	147
第九十七幅图片	西端A窟附近小洞西壁	148
第九十八幅图片	西端D窟附近小洞西壁	149
第九十九幅图片	西端D窟的西壁上部佛龛	150
第一〇〇幅图片	西端E窟的西北壁	151
第一〇一幅图片	西端H窟（西塔千佛洞）门口	152
第一〇二幅图片	西端H窟（西塔千佛洞）门口拱洞的西侧	153
第一〇三幅图片	西端H窟门口拱洞的东侧	154
第一〇四幅图片	西端H窟藻井的西侧	155

第一〇五幅图片	西端H窟以西的一座石窟	156
第一〇六幅图片	曼陀罗发掘的释迦立像（笈多时代全盛期）	206
第一〇七幅图片	云冈第二窟的降魔像	207
第一〇八幅图片	甘肃省敦煌千佛洞（引自伯希和著《敦煌图谱》）	208
第一〇九幅图片	敦煌千佛洞（引自斯坦因著作）	209
第一一〇幅图片	甘肃省敦煌千佛洞第一一一号石窟的后壁（引自伯希和著《敦煌图谱》）	210
第一一一幅图片	甘肃省敦煌千佛洞第一一一号石窟的右壁（同上）	211
第一一二幅图片	云冈东方大窟左侧的胁侍菩萨（引自佩尔琴斯基著作）	212
第一一三幅图片	坎哈那佛窟里的释迦如来像（笈多时代末期）	213

插图目录

第一幅插图	第一窟乃至第九窟平面图（根据作者目测绘制）	59
第二幅插图	第一窟壁面上雕刻的塔（由本书作者临摹）	60
第三幅插图	捧博山炉菩萨立像（第一窟）（由本书作者临摹）	61
第四幅插图	第一窟的佛像其一（由本书作者临摹）	61
第五幅插图	第一窟的佛像其二（由本书作者临摹）	62
第六幅插图	第二窟的佛像（由本书作者临摹）	62
第七幅插图	第二窟三楼的菩萨像（西面）（剥掉了修补部分）（由本书作者临摹）	63
第八幅插图	第二窟中央塔下部的土俑配饰（由本书作者临摹）	64
第九幅插图	第二窟三楼的菩萨像（东面）（除去修补部分）（由本书作者临摹）	67
第十幅插图	第二窟中央塔上部的土俑配饰（由本书作者临摹）	68
第十一幅插图	第二窟天棚上的人物（由本书作者临摹）	70
第十二幅插图	第二窟东壁下部佛传图中的后宫嬉游·太子竞射（由本书作者临摹）	100
第十三幅插图	佛籁洞入口后面的花纹（由本书作者临摹）	107
第十四幅插图	第五窟至第九窟前面的风景（续右图 西方诸窟）（由本书作者临摹）	108
第十四幅插图	第五窟至第九窟前面的风景（由本书作者临摹）（继左图）	109
第十五幅插图	犍陀罗的火焰（转抄自伏舍）	110
第十六幅插图	犍陀罗的烛台（转抄自伏舍）	111
第十七幅插图	东方菜园后面的各座佛窟（由本书作者临摹）	157
第十八幅插图	菜园后面的人柱像（其一）（由本书作者临摹）	158

第十九幅插图	菜园后面的人柱像（其二）（由本书作者临摹）	158
第二十幅插图	东方各座佛窟平面图（根据作者步测绘制）	159
第二十一幅插图	东方各座佛窟示意图（由本书作者临摹）（续右图）	160
第二十一幅插图	东方各座佛窟示意图（由本书作者临摹）（继左图）	161
第二十二幅插图	云冈风景（由本书作者临摹）	162
第二十三幅插图	西方各座佛窟平面图（根据作者步测绘制）（续右图）	164
第二十三幅插图	西方各座佛窟平面图（根据作者步测绘制）（继左图）	165
第二十四幅插图	第十窟、第十一窟、第十二窟的前景（由本书作者临摹）	166
第二十五幅插图	西方第十四窟的前面（由本书作者临摹）（续下图）	167
第二十五幅插图	西方第十四窟的前面（由本书作者临摹）（继上图）	167
第二十六幅插图	西方第十五窟的佛像	169
第二十七幅插图	西方第十五窟内部的小佛（由本书作者临摹）	169
第二十八幅插图	西方第十七窟东壁的拓本（由本书作者拓制）	170
第二十九幅插图	第十八窟前壁面上的浮雕人物拓本（由本书作者拓制）	171
第三十幅插图	第十八窟群像中的一部（由本书作者临摹）	171
第三十一幅插图	第十八窟西壁下面的雕像（由本书作者临摹）	171
第三十二幅插图	第七窟东壁碑文拓本	172
第三十三幅插图	第七窟内部拓本（由本书作者拓制）	172
第三十四幅插图	东端第一窟入口穹隆（由本书作者临摹）	174
第三十五幅插图	西方A至G的各座佛窟（由本书作者临摹）（续下图）	178
第三十五幅插图	西方A至G的各座佛窟（由本书作者临摹）（继上图）	178
第三十六幅插图	第十三窟的人物写生（由本书作者临摹）	179
第三十七幅插图	犍陀罗的逾城出家图	198
第三十八幅插图	犍陀罗的太子竞射图	198
第三十九幅插图	犍陀罗的妇女睡眠图	199
第四十幅插图	犍陀罗的后宫嬉游图	199
第四十一幅插图	犍陀罗的马	200
第四十二幅插图	云冈东方第一窟门口内侧西壁	200
第四十三幅插图	犍陀罗的婆罗门	200
第四十四幅插图	云冈东端第二窟东壁细部	201
第四十五幅插图	犍陀罗的服装	201
第四十六幅插图	云冈第五窟外庭西壁细部	202
第四十七幅插图	犍陀罗的人柱像	202

第四十八幅插图	云冈的执金刚	203
第四十九幅插图	犍陀罗的执金刚	203
第五十幅插图	犍陀罗的忍冬纹	203
第五十一幅插图	云冈的忍冬纹	203
第五十二幅插图	云冈的莲花相连花纹	203
第五十三幅插图	犍陀罗的莲花相连花纹	203
第五十四幅插图	云冈的方形莲花花纹	204
第五十五幅插图	犍陀罗的方形莲花花纹	204
第五十六幅插图	云冈的花绳	205
第五十七幅插图	犍陀罗的花绳（一）	205
第五十八幅插图	犍陀罗的花绳（二）	205
第五十九幅插图	犍陀罗的花绳（三）	205
第六十幅插图	大同石佛　前田青村　作	216
第六十一幅插图	大同石佛接引佛洞（右）及大露佛（左）　川端龙子　作	218
第六十二幅插图	云冈石窟、西方一座小窟雕刻燃灯授佛记图	242
第六十三幅插图	犍陀罗窟雕刻燃灯授佛记图	243
第六十四幅插图	云冈石窟平面图（由关野博士绘制）	248
第六十五幅插图	第七窟前壁大龛里的坐像的头	258
第六十六幅插图	云冈风景（由本书作者临摹）	259

第一幅图片　第十九窟 大露佛细部

摄影：山本 明

第二幅图片　第十九窟（白耶佛洞）大露佛主像及胁侍菩萨

第三幅图片　第十九窟 大露佛细部

第四幅图片 第十七窟（阿閦佛洞）门口拱洞北侧

17 | 云冈日录

第五幅图片　第十八窟外观

第六幅图片　中央石窟自第一窟至第九窟

第七幅图片 东堂（第一窟）中堂（第二窟）及西堂（第三窟）

第八幅图片　五大洞及其西侧的几座洞窟（自第五窟至第七窟）

第九幅图片 第七窟外壁上部中央及东侧的佛龛

第十幅图片　第七窟外壁东侧上部

第十一幅图片 第七窟外壁上小龛 B.C

第十二幅图片　第七窟外壁上小龛 F

25 | 云冈目录

第十三幅图片　第十八窟主像台座侧面人物像

第十四幅图片　第十二窟佛龛二佛

第十五幅图片　第十二窟佛龛二佛之右方上半部

第十六幅图片　第四窟（佛籁洞）门口拱洞西侧

第十七幅图片　第四窟（佛籁洞）门口拱洞西侧细部　毗纽天像

第十八幅图片 第四窟(佛籁洞)门口拱洞东侧

31 | 云冈日录

第十九幅图片　第四窟（佛籁洞）门口拱洞东侧细部　湿波天像

第二十幅图片 东端第一窟西壁的佛像

第二十一幅图片　云冈石窟全景

第二十二幅图片　石佛寺及五大洞外观

第二十三幅图片　石佛寺前景

第二十四幅图片 石佛寺东堂（第一窟）及中堂（第二窟）

第二十五幅图片　第一窟东方小窟外观

第二十六幅图片 第一窟西壁上部诸龛

第二十七幅图片　第二窟中央上部南方大佛

第二十八幅图片　第二窟正殿东壁上部

第二十九幅图片　第二窟正殿中央佛柱东方主佛

第三十幅图片　第二窟正殿东侧诸佛及其上段

第三十一幅图片 剥掉第二窟正殿中央大佛柱南方主佛西侧诸佛重修之假面的东西

45 | 云冈日录

第三十二幅图片　由第二窟正殿中央大佛柱南方主佛西侧诸佛头像而剥掉的重修之假面

第三十三幅图片 第二窟第三楼菩萨像（西面）假面剥掉之前

云冈目录

云冈日录（上）

京绥铁路—大同东华客栈—云冈路上—石佛古寺—由石佛寺与西部相连的每座石窟—沙畹所记述的第一窟概观—沙畹所记述的第二窟概观—北魏佛像颜面的一种典型—云冈的严寒—第二窟拱洞西侧的菩萨像—第二窟的菩萨像构造—第二窟东壁上的释迦、胁侍菩萨以及合唱团的大雕刻

大正九年（1920）九月十日　山西省大同

今天终于到达了大同府，明天上午将抵达云冈。至此，云冈石佛寺已不再是风传耳闻中的一个空幻的名称或者一幅照片了。

今天早上八点三十五分，我们从西直门出发，从西直门到青龙桥为止的那段路程其实是回顾了一下不久前我们曾经走过的一段旅途。这次，后藤朝太郎先生也与我们同行。

早在读波兹特涅夫的纪行文时我就已经熟知了张家口这个地名，所以，非常想下车看一看，然而，到底还是迫切地想快一点儿一览大同石佛寺的风采，所以只好割爱了。从张家口到大同途经的京绥铁路沿线大体呈现出了一派同样的景致：低矮的丘陵沿着河川缓缓地向前延伸着，河流区域两岸的平地上，高粱和大豆已经熟透，明灿耀眼的金黄色在略显阴沉的大气里平和而沉着地兀自静默着。除了杨树、柳树和榆树之外，几乎看不到什么大树；那一片片树丛为此地的风景增添了最协调的情致。一座座丘陵上，稀稀疏疏的碧草无法全部遮盖住山岩，恰好相映成趣地构成了褐绿色相间的、视觉舒适的一层山表。间或会有几块山岩突兀地挺露出来，那近似朱红色的赤红色调也令人产生一种豪迈畅快的惊奇之感。偶尔也会望见山顶呈现出一片钴绿色，从山腰到山脚之间，则斑斑驳驳地覆盖着一层麦浪流涌出的金黄色。远处有河水在悠然流淌，三三五五骑着驴的人儿沿着河道南来北往；不时地还有骆驼队悠然从容地从眼前走过去。

在一个名叫"下花园"的车站稍前一些的地方，这片丘陵突然变成了一座富士山形状的无尖顶圆锥体，表面粗糙、材质颇似砂岩的褐色山麓上，城墙、望楼、城门和白杨树次第排列而成的一行队列接二连三地映入眼帘，令我们这望惯了平坦辽远的景

致的双眼无限惊奇。

到达天镇的时候，暮色已经袭来。站在阳高县城极目远望，只见远处的天边尚有些微的夕阳余晖闪动着柔和的光芒。

其后，火车一直是向着高处爬行，据说最高处将近四千尺。

在北京与许多人一起聚餐时，近期刚刚从大同旅行回来的人都说大同现在是刺骨般的寒冷，所以，我们多少做了些保暖的准备，可实际上却也不过是一身夏装再加了一顶头盔而已。到了夜里才切实体会到这里的确是秋凉似水，寒彻筋骨。

晚上八点，我们终于到达了大同府。夜晚在中国内地的车站下车，真的有一番独特的感觉。我们第一次体会到不知所措的仓皇感，是在两年前到达河南省洛阳的那一次。而今夜，在这个车站，感受到的也是同样的滋味。众多招揽客人的旅店伙计手执一盏用铁丝编成的方形或圆形的灯笼，灯笼上用红色或黑色的毛笔字写着旅店的名字。他们朝着火车门蜂拥而上。由于我们事先就打听好了，所以指名要住东华客栈，并把行李交给了那家旅店出来招揽客人的伙计。

东华客栈比想象的干净，伙食也非常不错。客栈的伙计似乎非常习惯接待日本旅客，所以，住在那里感觉很舒服。在这种北方的客栈里，也可以体味到诸如"怀恋""安恬"以及"宁静"那一类的感觉。

客栈里养了好几条狗，胖得浑身滚圆，一看就知道肯定是吃了太多油腻的好饭食，并且相互间血缘似乎不会很远。它们也和客栈里的伙计们一样，丝毫不认生，甚至上蹿下跳地跟客人亲热。

饭后，我们走出回廊，一边环视着宽敞的庭院远处那以异常鲜明的透视手法布局出来的建筑物群，一边就假面具、脸谱以及博山炉和六朝佛像等主题畅谈了许久。

九月十一日夜　于石佛寺

我们从大同的旅店带上了一个跑堂和一名伙夫出发。跑堂名叫白玉堂，伙夫名叫方喜。

小白今年二十五六岁，干净利索而且聪明机灵，所以，很快就和我们混熟了。

打发小白去买蜡烛，他却迟迟不归。我们住的地方是石窟寺里面的一间厢房，是一座名叫"东客殿"的客房（参见第二十四幅图片）。在那个漆黑的房间里愣了一会儿神，今天一天所感受的印象以及时时涌来的激动之情错杂无序地在我的心头摇曳冲撞；同时，身处异国他乡时自然而然会袭来的不安感与此处这超出想象的寒冷空气融在一起，一阵紧似一阵地逼近全身。远处，毛驴拉长了那特有的、鲁钝的悲声在夜空中嘶鸣。院子里的狗也此起彼伏地狂吠了起来。

寺庙里的僧人给我们送来了红色的大蜡烛，把它往一只木制的烛台上插。由于烛台座眼过粗，蜡烛插得不太稳。挺大的一根蜡烛，发出的光却不够亮堂。

过了一会儿，小白端来了茶壶和开水，终于，房间里有了几分人气儿。

在黑暗的房间里，自然而然地，我反复回味起了今天下午看到那些石窟后所得出的印象，内心交错着几欲跪地膜拜的爱慕之情和忍不住想冲向随便一个什么人立刻大打出手的满腔怒火。前者，是缘于古代美术不朽的美丽带给我的惊喜；后者，则是出于对那些最近对佛像进行的粗劣修复所生出的反感。如果你也年纪尚轻并且是初次来访的话，我相信也一定会获得相同的第一印象吧。

而如今，几次三番进行修复的可怖的魔掌已经如火灾或者传染病一样蔓延起来。如果想一睹云冈风采的话，那么，至少应该趁早现在就来。如若来迟，迟来多久必定就会与多少件宝物失之交臂。

沙畹的书早在两三年前我就开始注意了，却终究没能买到。因此，这次从公使馆的藏书里逐一进行了概略的抄写后带来了。此前观看沙畹绘制的图谱时令我所惊叹的东西，及至此地一看，则完全呈现出一副出乎意料的模样（这是由于反复修复时使用的油漆、颜料等造成的后果），有时甚至惊得人目瞪口呆。

在龙门，数百座佛像的头被拔掉了；而在此地，却在丑不忍睹地进行着反复修复。屈指可数的几座石窟的佛像，竟被弄得宛如粗鄙的喇嘛寺里的偶像或曼陀罗一样，色彩艳腻、油光锃亮。

* * *

然而，美好的事物无论何时都不会改变其美好的本质。透过破坏和污损之处，如今仍然可以看到无数美轮美奂的佛像熠熠生辉。在那被丑化成妖怪一般的反复修复的背后，依稀可以窥见佛像本身所潜藏着的那些可敬的创造者身上的空想、热情、喜好与魂魄，一如透过水沟的沟底我们依然能够望见冬日午后的惨淡的太阳一样。

今天的最大收获，在于战胜了备感失望的第一印象，并开始发现了隐藏在佛像深处的真正的价值的存在。倘若我们只凭最初一两个小时的考察就轻率地绝望而归的话，则根本不会有幸享受到这伟大的艺术的熏陶了吧。

* * *

现在，我开始记录今天一大的经历了。清晨的大同真是景致美妙，我们下榻丁第一处旅店的心情也很愉悦。房屋建筑是司空见惯的新式旅馆，一进旅店大门，迎面就是一面砖砌的影壁，影壁正中央镶嵌着"东华客栈"几个字，此外还有写着"连升客栈"和"春元客栈"等注明旅馆名称以及联系方式的招牌，排成了一溜儿。招牌后面是宽敞的院子，而院子被砖瓦结构的长排平房从四面围住了。在某一处站定一望，展现在眼前的，宛如一座运用透视画法制作成的美术作品标本一样，感觉如同在观赏日本明治初年时的街市风景图。几年前，我在徐州市的一家名叫"文明客栈"的旅店住宿时，旅店的构造也是这样的。满天星斗下，白色墙壁映衬在郁郁葱葱的一片苍绿中，点点灯火透过窗玻璃如梦境一样弥散着熹微的黄晕。那一次，游子之思时隐时现地轻轻袭来，于是，我花了一块钱点了唱歌和胡琴的乐班子，然后，在那家旅馆的院子里一边漫步一边在远处欣赏他们演唱的中国乐曲的旋律。今晨，星光虽然不似月光一样皎洁，但天空恰到好处地阴沉着，正好遮住了强烈的太阳光线，使其不致影响我们已然平静、柔润下来的心海。

客栈院子深处是老板家里人所居住的后房的入口，涂着绿色油漆的门扉旁边，若隐若现地可以看到几朵仿佛是安上了弱音器一样的、在背阴处悄然开放的红花在轻轻摇曳，身着靛蓝色衣裳的少女从那扇门里进进出出。此外，越过房顶，那一边土砌的城墙（因为这座客栈位于城堡的外郭）巍然高耸，以柔和的浅赭色画出了一道颇具暗示性的天空弧线。

毛驴和马车已经等在外边了，木村君和后藤君二位骑上了毛驴，我坐上了装载行李的马车，客栈的伙计则上了装运厨房炊具、食物材料的另一辆马车。

在北京时，许多人都打保票说山西省的乡下治安方面一点儿也不差（指土匪之类），所以我们也没有怎么戒备。只是我们想到计划中投宿的寺庙或许有些不便，所以才雇了一个跑堂和一名伙夫，让他们搬运食品、炊具餐具和铺盖等。于是就该谈谈工钱了。我们讲好每人每天的工钱是一个半美元。

这一带的交通工具主要是毛驴，其次是马车。一个身穿白色衣衫的胖女人翘着一双小巧的三寸金莲骑着驴走了过去，马夫在后面跟着——虽说有几分乡野村气，却呈现出一派极富绘画效果的、落后于这个时代的光景。

阴沉得乌蒙蒙的广阔的天空下，一面巨大的土砌城墙巍然耸立着，而它也自成一统地呈现出了一片神奇的具有透视效果的建筑手法，气势雄浑，令人惊诧。

第一座门叫作"玄冬门"，第二座叫"北门"，北门上方建有一座楼阁，楼阁上悬挂着一块匾额，上书"雪中锁钥"四个大字。从相当于外城的玄冬门到内城的北门之间大约一公里的道路实在是景致优美。乌蒙蒙的天空与土墙和黄土结构的悬崖之间是一顷旱田，田里尚未收割的高粱呈现出一片明灿灿的金黄色，轻轻演奏着赏心悦耳的阵阵秋音。

我们从客栈出发时已经是八点多了。一进入北门，眼前便展现出了一座虽有几分土气却令人心情舒适的、纷繁错杂的大城市。街上行人看起来个个面目和善，用来当做挽马桩的石狮子也和北京的不同，别具一番雅韵。

我比同行的伙伴们晚了一会儿才进了北门，一进来就被巡警强行要去了名片。然后，为了购置绘制拓本用的刷子、盘子以及天竺棉和纯白纺绸布料等材料、用具，我东奔西走满城搜寻，买到的这些东西都是日本制造的。然而，用来糊纸格子拉窗的刷子却遍寻不得，我真奇怪中国人到底是用什么工具来糊裱纸格子拉窗的。

路旁的小摊儿上摆着马铃薯、胡萝卜、辣椒、白菜还有光鲜肥硕的茄子；而西瓜到了山西后就愈发显眼夺目了。街上到处都在卖着直径约十六七厘米的、瓜皮黝黑的大西瓜；在一家店铺里，竟然像做日本菜时切慈姑那样把西瓜块儿的边儿齐整整地切成了奇妙的锯齿状。

就在这买东购西的工夫里，我就被远远地落下了，连骑驴的那些伙伴的背影都望不见了。失误恰在这里。

买完东西后，马夫就把车送回了北门。

"为什么要返回去？为什么不朝那个方向走呢？"

对我这个问题他没能理解；而他的一口方言我也几乎句句都听不懂。

如果赶着车去云冈的话，应该是朝这个方向走的。那么骑着毛驴去呢？如果是骑驴去的话，那么，从城内也可以走。——似乎我也只能这么理解了。这一带的人，口音太重了。

我们惴惴不安地从北门向郊外出发了，内心深处隐隐地担心着会不会有土匪或者其他什么人瞄上我们的行李和厨具什么的袭击我们。一边行进一边试图赶走这种忧惧，可这念头却千拂不散。

郊外的风景十分亮丽。已然风化的花岗岩形成的丘陵地表仅长着浅浅的一层绿草，满眼是一片黄色、褐色与绿色相间的柔和景致。这片土地之间，偶尔会看到一些地方星星点点地有几棵挺拔的杨树科树木以其特有的强健体格茁壮挺立着。路旁是看上去数量相当多的死人的坟墓，墓前竖着一块块大石碑。没过多久，拉着厨具的马车追了上来，坐在马车上的小白不住地念叨着他那几个骑毛驴的伙伴。

"不能穿过城内去云冈吗？"

"不能。"

"驴子后面有马夫跟着呢吧？"

"没有。"

我这才知道那二位是没有向导带路独自骑驴前行的。

过了两三个小时后，中午时分，我们开始在小站村休息。路旁也有人在卖刚才提到的那种小西瓜，田里也滚着许多西瓜，瓜肉是鲜红色的。我们切开了一只拿出勺子来挖着吃，格外香甜。一个西瓜价格是两到三枚铜板。

我甚至想，如同朝鲜人喜食甜瓜一样，这里的人或许也是以西瓜来代替午饭的吧。

从这儿往前的风景越来越美。我们沿着武周川（今名十里河——译者注）驰行，而形成河床的岩石是粗硬而古旧的花岗岩、角石片或者片麻岩，其颜色或黝黑、或苍绿，或者是葡萄紫色，或者是鲜红色。岩石的褶皱亦多样纷呈，巧夺天工地用尽了折带褶皱法、乱柴乱麻法和云林石法等绝技。

恰如《芥子园图谱》里所讲的乱麻石法那样，小型瀑布喷射出的白色水珠贯流过玫瑰红色岩石之间的景象，是我们平素很难见到的色彩手法。

路旁坐落着一座雄伟的观音堂。观音堂前面，隔着道路，立着一块绘着巨龙的大幅影壁。道路穿过寺庙地基下面的隧道向前延伸着。这实在是只有在中国才能看到的建筑方法，亦独具美感。巨龙的装饰是用大块陶版拼成的。

坚硬的岩石上生长着海滨菱角、紫菀、雉席、品川胡枝子、苦菜、荷兰风炉、岩上莲花和宫草科属的矮株植物，枝头上缀着小小的花朵，一望不由得令人心生怜爱。我们见到的禾本植物有白茅、狗尾草和紫狗尾草。这一带到底气候寒冷，所以植物长势相当贫弱，即使长出来了发育也相当不好。长势好的植物里，树木是杨树，草则是在这一带被叫作"米儿蒿子"的一种艾蒿类植物或者枸杞什么的吧。

两个来自英语圈国家的旅人骑着驴与我们擦肩而过。又过了不多久，一个骑着马的中国人也与我们迎面相遇。他是从与我们正好相反的方向过来的，可是，不知何故，却捎话给我们说，在后面约六七华里的地方，有两个骑着驴的日本人让我们等等他们。我这才知道两位同伴还在我们的后面呢。于是，我们开始在一个叫秦左窑的小镇（小部落）休息，一边吃西瓜，一边等待那两位伙伴。

后来一问才知道，驮着他们两位的毛驴似乎相当自信，擅自扑腾扑腾在城里跑了起来，想让它停下却无法如愿，于是就只能任由毛驴沿着东路跑下去。然后，后藤君用他那半通不通的几句汉语问路时，在他身旁就围起了许多看热闹的人拿他们开心。

接着又走了十华里，我们到了云冈。山峦赫然开阔起来，在遥远的西部，可以望见敞开了多处洞口的山腰；同时还望见了两座建筑物的涂有颜色的屋顶。此时，我正骑在驴背上，忽然竟有几分粗暴地急忙催着毛驴渡过河水的清流快步前进。第一次望见龙门石窟时也是如此——远远望见目标的一部分时，心情便开始激动不已了。

一路上，我们也和许多头毛驴以及一队队羊群频频相遇。

石佛寺被一片情趣古雅的风景环抱着。高高的悬崖呈现着素陶一般的颜色，呈东西走向延伸着，悬崖南面挖出了许多眼洞窟。我们一边骑着驴往前赶路，一边从侧面仔细观看其中的一座大洞窟，洞窟内高耸的大塔以及入口处的穹隆上的雕刻清晰可见，使人情不自禁地觉得这一定含有某种暗示。夸张一点儿说，那种感觉或许与古时的玄奘到达中亚的一片废墟前的所感所思十分相似吧。

丘陵长六七百步左右，其南面是一面几近直线状的悬崖，而在那里，以那座石佛寺建筑为中心并排列出的是沙畹所介绍的第一窟、第二窟以下的各座石窟以及东方诸窟；及至西面一端，山陵则略微向南弯曲延伸着（参见第二十一幅图片）。

在沙畹以及大村先生绘制的图谱中看到这座石佛古寺的正面图片时，我始终沉浸在一种漫无边际的幻想中。那些照片上，有大门，有影壁，也有长长的旗杆。而此刻，在眼前，没有任何奇妙感觉，已经熟知的地方和已经熟悉的东西都静立在那里，在一座宁静的村落的尽头（参见第二十二幅和第二十三幅图片）。

马车避开石佛古寺的大门，从侧门赶了进去。里面是一片宽敞的空地，空地的一个角落盖着一个驴圈。我们停下了马车和毛驴，马夫把车上的行李搬到了古寺里面。

古寺由两座相连的四层楼建成，两座楼之间有通道相连。这里也就是建在沙畹所说的第一窟、第二窟前面的建筑物（参见第七幅、第二十四幅和第二十五幅图片）。

我们迈开大步迫不及待地抢先跑进了这几座洞窟。

可是紧接着，观看之后的第一印象却似某种来路不明的焦躁感，类似失望的感觉——这就是当时的感觉基调。

"几年来日里夜里梦寐之间都幻想一定要亲眼看一次的东西，难道就是这个样子吗？"

宛如乡下祭礼盛会时常会见到的彩车那样粗糙简陋的木雕栏杆和与之同样色彩的雕刻并排而列，被浓浓地涂抹上了一层红红绿绿的色彩。

然而，我们还是接着看下去了，并且，看着看着，居然不由得嗟声惊叹起来："我的天哪！"

渐渐地，我们明显地感觉到这些初见时令人觉得丑劣的外观的下面，似乎蕴藏着什么不同寻常的东西。恰好，我们在夏日的阳光照耀下进入了洞窟，随着双眼渐渐适应了洞窟内的昏暗，开始时感觉朦胧的内部事物也渐渐地清晰可辨了。

午饭后，我们走到了山岗的西面，试着登上那座山崖，然后，一步一步从南面返回，终于来到了那座著名的、精彩绝伦的露天大佛的前面（参见第一幅至第三幅图片）。

由于后藤君在今天之内必须返回大同，所以，下午五点左右我们也一同返回了寺庙。送走后藤君后，我们再次出来参观各座石窟。

然后，我们第一次巡视了沙畹所说的第四窟（佛籁洞）以下排列在西面的六座石窟（参见第六幅及第八幅图片）。在第五窟以下的洞窟里，忍无可忍地看到了比第一窟和第二窟所目睹的更为粗劣的修复惨状，尤其是第五窟于民国九年（1920）所遭受的修理最为显著。那里立着一块重修纪念碑，毋宁说是石佛寺的耻辱印记。

然而，及至看到那超越了修理痕迹的第四窟的穹窿以及位于其内部的、被相对完整地保存下来的立像时，我感到那真是超出了我们想象的出色的美术作品，因此，哪怕只为了看一眼这座石窟，也值得从北京迢遥赶至此处。

通过无数块重修纪念碑（咸丰、同治、光绪等年代设立的），我们得知石窟重修的历史是进入清朝以后才开始有的事。

只有第九窟（沙畹）那里没有重修纪念碑，墙壁上，"大清光绪二十年重修、揽画工人、天镇县马师傅、孟秋之月谷旦敬"等散落的字迹被加在了序里。

沙畹所说的第九窟和其下的第十窟之间的丘陵中途间断，形成了一道平缓的斜坡。从这道斜坡到第九窟之间的地带被高高的土墙围住了，而在那座墙围子里面的平地上，艾蒿、山旗杆、苜蓿属、品川胡枝子、龙葵、筋骨草、蒺藜、紫菀属的杂草以及枸杞等数种禾本科植物繁茂地生长着，四五匹白马被放养着。它们闯进了石窟的里面，在千百年的古佛前面以马粪做供品。

此外，第十窟以西被围在了民居的墙壁之内，只要不斗胆闯入民居，就无法走近那里。到了第九窟第一座断崖就终了了，而从那儿相隔大约四十步长的斜坡之处，第十窟就开始了，也就是沙畹所说位于寺庙西部的洞窟群。那里，或者成为某座民居的后墙，或者成为谷仓，或者成为磨坊，或者成了厨房，佛像的破损显著，但是却幸免于劣等修理的摧残，其中完好的佛像上往往夹杂着金刚头。巡视着这些佛像，我们逐渐兴奋了起来，第一次体味到了我们之所以来到云冈的缘故（参见第七十七幅图片）。

这一列西方诸窟全长一百多步，面向南方，间或呈现出些微的弧度，整体看来几乎呈一条直线延伸开来。

至于那一条又一条的详细内容今晚已无暇详细记下了。正如第十窟一样，从高高堆积起来的稻草中间有一根二尺四见方的石柱露了出来，石柱上像棋盘一样刻着许多座小佛像。另外，在石柱前面，还有三四座宏壮的石窟，里面分别立着三尊同样巨大的佛像。在那座露天大佛以西，石窟数量渐渐少了，但却有无数座出色的雕刻作品分布在那里。关于这里的各座石窟，若想完全按照沙畹提供的号码一一对照的话，相当困难，因而，此刻我尚不能对佛像实物与图谱进行充分的比较。

就在观察这些石窟的时候，有三四只猛犬凑了过来，逼至咫尺之间，露出獠牙狂吠起来。远处有人在朝这边看着，却没有上前来制止它们。这些猛犬是我们现在所意识到的最具实力的强敌，明天如何防御它们是迫在眉睫的最大问题。

就在我们以步伐测量这附近地形的工夫，秋天的薄暮不知不觉中不由分说地涌到了眼前。然后，我们从石窟的南端登上山崖，到达了山顶，那里耸立着一扇更高的土墙。我们猜不出来那扇土墙的用途。黄色的土壤里，栽种着马铃薯和小米。

与这座丘陵相对应，在遥远的南面，也有一座与之走向平行的丘陵。两座丘陵之间呈带状的平地属于武周川流域，河流的北侧，未收割尽的高粱秸秆和青菜构成了黄绿相间的条纹状，一棵棵杨树和寺院楼宇与寺庙分布其间。在这里，拥有两千年历史的石窟留下了凄惨流离的沧桑印记，并且在停止闪耀它梦般美丽的古代文化光辉的时候，至今仍有数百个农民依此生息着。这种今昔对照，不由得令人觉得简直是可爱得既浪漫又痛切。

对面的丘陵顶部，尚有模糊的绿色隐约可见。收获高粱颗粒的人们，在田野上几乎看不见他们的身影了。

这里实在是一个和平而宁静的地方啊。我想，仅仅是为了品味抒情诗一般的风景这一单纯的目的也值得来这里走一趟啊。

我们回到寺庙的厢房时，室内已经一片漆黑了，摆在那间宽敞的厅堂一角的长方形的桌子上，小白正在假寐。叫醒小白让他去买蜡烛，我们则暂且在一片黑暗里坐了下来。

九月十二日　石佛寺

今天我们做的工作如同发掘宝物一样，整整一天不知不觉就过去了。

昨夜落雨，今天仍未放晴。难得的是，我们一直惧怕的臭虫并没有来袭击，所以，今天已经完全适应了这家客栈。虽然略嫌湿冷，但这座静寂的荒村里洒下的清雨也的确别有一番情趣。

拍摄完第二窟（按照沙畹的名称分类法称呼）里面的前壁以及东壁上的《释迦传记》，已经到了午后一点半了。两点半我们吃了午饭，饭后专门开始着手对第二窟的研究。

然而，按照顺序记录的话，也该稍微记一下第一窟。无论如何，在云冈二十九座大洞窟里，第二窟是最主要的，研究材料也最丰富。与此相比，第一窟就稍微简单些了。

[第一窟] 关于洞窟各部位的尺寸，日后我将归纳到一起进行汇报。只搭眼一望，洞窟入口宽约十米。我们进了前室。前室的进深为四米，那里是洞窟中间最狭窄的地方，然后，我们移动到了更宽敞的后方（参见第一幅插图）。

从中间最狭窄的地方左右两侧突出的间壁墙其前后径也在两米以上，高高地形成

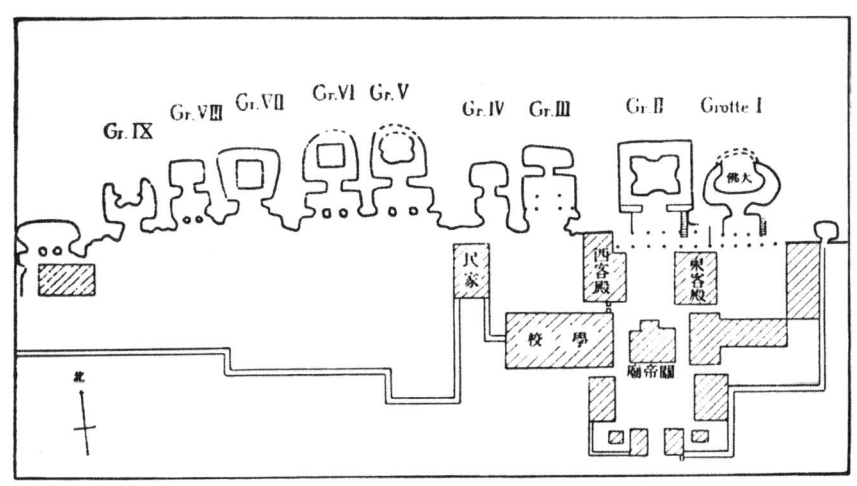

第一幅插图　第一窟乃至第九窟平面图（根据作者目测绘制）

第二幅插图　第一窟壁面上雕刻的塔（由本书作者临摹）

穹隆，壁面上刻有雕刻。

此外，在进入洞窟入口处的前面，进深两米内被沿着洞窟建造的建筑物覆盖着，并且，沿着东西走向每隔约两米的距离，在洞窟入口处有四根石柱、在建筑物的入口处直立着六根石柱。

盖住洞窟前面的建筑物是一座四层楼，其外形如照片所示（参见第二十四幅图片），所以不另作说明。

第一窟的前室立着顺治、康熙以及咸丰年间树立的重修纪念碑，顺治年间的碑上刻有"大清顺治八年（1651）岁次辛卯孟夏"的字样；康熙年间的碑上刻有"龙飞康熙岁次戊寅菊月谷旦监修宫大同府知府加三级叶九旦勒石"，其中"皇上行幸云冈寺已蒙御书匾额"等文字也可看到。御书匾额悬挂在第二窟。

根据这些东西以及立在第二窟的重修纪念碑，可以得知这座石窟以及洞窟大门的雕刻曾屡经修复傅彩。然而，第一窟和第二窟等处的傅彩由于年代略久，色调已经磨得自然了，因此，不似第五室以下的各处那么丑陋奇怪。

本来，着色并不是坏事，由于在宽阔的壁面上雕刻进了多座佛像，所以，如果不施以彩色的话，区别佛像轮廓就很困难。可以推测，最初进行创作的时候当然也是运用了彩色的。只是正如后面所记，我指责的是最近的修复和傅彩过于拙劣。

然而，这座佛室的破损程度相当严重。那也是因为风蚀造成的，实属无奈。相形之下，后世的人拙劣的修复带来的破损恐怕已经不能容忍。

隔离前室后室的间壁墙壁面上的雕刻构图相当有趣。穹隆的顶部雕着四组飞天，三角形支架部位左右都雕着珊瑚珠一样的大树（这款式样被屡次重复。亦出现在第五窟的穹隆上），树两旁各坐着一位菩萨，其下部用深纹浮雕雕刻出了最像执金刚的巨大的人物。

这尊执金刚的人物像曾经遭遇了相当严重的重修魔掌的蹂躏，只留存了一点儿原作的幻想和轮廓，现在能够看到的，尽是手艺粗劣的修复者的匠心匠气。

后室的大佛坐像极其巨大，数数台基座的进深也有十步左右。然而，由于佛像曾经遭遇过丑不忍睹的修理，所以，不知何时贴在佛的颜面上的金色锡纸如风筝一样飘然落下。在佛像前面，祭坛之上，共立着六七座新制成的拙劣的塑像。

洞窟内面的墙壁上雕刻着塔、佛龛和佛像群（参见第二十六幅图片）。现在，从中仅选两座加以介绍吧。

南面的东西两个角落里有一座建在一头白象背上的七重塔，塔的样式为古典风格，尤其是塔顶部的相轮原样袭用了古代印度风格的设计。塔伞部的形状式样和出自喀布尔的卒塔婆的伞非常相似。关于拥有僧房的方形五层楼形状的起源，未曾进行过思考。

此外，南面（前方）墙壁里面有相当美丽的人物立像。拍成照片的写生画中，右手捧着博山炉静立的人物像即为其中一例。右

第三幅插图　捧博山炉菩萨立像（第一窟）（由本书作者临摹）

手位于穹隆上方，在比例上我觉得有些大了。或许这是缘于我写生时的笔误吧（参见第三幅插图）。

另一座是立在后室入口处内面东侧的女身佛体雕像（远远高于人的身高），尽管其损坏程度相当高，但至今依然留存着那端庄威严而又美丽的容颜。关于这两例人物像，其色彩姑且不谈，其面部雕刻丝毫未遭后世修理过（参见第四幅插图）。

一登上楼阁的第三楼就能仰望到石窟内壁的上方。此外，在连接楼与石窟之间的部分，左右双方面南的岩壁表面上，都雕刻着十层十五行的小佛像。这些小佛像显现了相当好的装饰性效果，而关于每座佛像，则并不具备大书特书的价值。

这里的第二层楼阁里，整个壁面都是近年来创作的绘画，不用说，都不值一提。同时，

第四幅插图　第一窟的佛像其一（由本书作者临摹）

第五幅插图　第一窟的佛像其二（由本书作者临摹）

第六幅插图　第二窟的佛像（由本书作者临摹）

对第四层楼阁也无话可言。只有在登上最高层后所看到的南边的丘陵及其前面的低地这一片风景值得永远铭记。

从这第一座石窟的第三楼楼阁可以直接走到第二座石窟的第三楼楼阁；同时，从这里还可以登上贯穿到断崖顶部的望楼。

[第二窟]在这里，关于第四层楼阁也没有值得记述的，但到了第三楼则有精彩之作。也就是说，恰好与第一号石窟的第三楼楼阁相同，间隔起洞窟的前室和后室间壁墙修到此处形成了穹隆，其下方与之相对的位置，有一座各半伽的佛像，这就是精彩之所在。两座佛像均在沙畹的图谱里出现过（《华北考古考察图谱》）。

面西的是一座菩萨像，右侧小腿垂着，左侧小腿弯曲着盘在右膝上，左肘放在左膝上，左手手掌在左肩处张开，右手轻放在左侧小腿肚上。在菩萨像左膝下方的空间上，跪着一匹马。这座像位于佛龛里面，佛龛的顶部用绳子悬挂着与六朝时代坟墓的墙壁上悬挂着的幕布同样的东西，从菩萨的冠部到脚部，约为一米五四（参见第三十三幅图片）。

这座雕像的外表也被涂上了褐色、绿色、朱色、黄色和湛蓝色等颜色，那种略嫌野蛮的涂色方式令人不悦，然而，也可以将其忽略不计而进行思考，这样一来，那些精彩美丽的构图就迅速打动了我们的心。这座雕像的姿势几乎与京城（今韩国首尔——译者注）李王家博物馆，奈良的法隆寺、中宫寺等寺院的如意轮观音完全相同。菩萨那高举起来的手、弯曲的小腿与之相同，而位于相反方向的左侧的雕像，为了和与其相对的面东的雕像保持对照这一点亦完全相同。面东的那座雕像甚至右手手指的弯曲样式都和那些观音像相同，足以证明那些观音像乃为原型。

然而，尽管这座面西的菩萨像无比端庄、

那把凿子刻下的笔致予人以无限的愉悦，而那被涂成深褐色的颜面也无比的鲁钝失真、令人不悦；并且，只看一眼，就会明白是后世人重修使然。

因此，为了完善我的梦想，我产生了将后世修理的部分毁坏再仔细看看的念头。

时而落雨的废弃村落呈现出杳无人迹的静谧。不管三七二十一，我掏出小刀，开始时还是小心翼翼、蹑手蹑脚地剥去一层用褐色颜料涂上的、散发着好像油漆一样的光泽的菩萨像的颜面来观察。由于那是在作为坯子的石料上贴上了纸张类的材料后用油性颜料在上面涂画的色彩，所以，色彩总算剥落下来了，渐渐地露出了坚硬的砂岩质地（参看第七幅插图）。

W君[9]，如此这般，战战兢兢地开始了破坏行动的我，越是见那颜面的实物显现出来，我的心就越发紧张起来，完全是一种异常的紧张感觉。我的剥除工作尚未达到一半的时候，亦即仅仅右眼眼睑露出来时，我就发现了那里所呈现出的令人惊诧的美丽慈爱的容颜。

我早已经开始毫不客气地为所欲为了，良心上丝毫不觉愧疚，随之而来的，是一旦被寺庙里的人发现时将会麻烦的忧惧念头也消失了，于是，大约一个小时之后，几乎整个颜面都显露出来了，而且，相当美丽的佛像颈部也剥除殆尽。尤其是那露出的美丽双唇，与按照迄今为止通常我们所说的六朝佛这一概念所想象得出的嘴唇的型态是完全不同的。

两个嘴角间的距离并不宽于其上方的鼻翼，朝着上方形成了圆锥形弯曲。两个嘴角朝着面颊形成了深圆形的涡孔，其中蕴含着不可言喻的慈悲仁爱。

人中被雕刻成了直线，却并不十分突兀刺目。另外，下颌直接连着下唇，中间有拇指宽的竖

第七幅插图　第二窟三楼的菩萨像（西面）（剥掉了修补部分）（由本书作者临摹）

9　W君：指的是日本著名伦理学者和辻哲郎（1889—1960），曾任京都大学教授和东京大学教授。主要著作有《古寺巡礼》《风土》和《伦理学》等。从青年时代起作者就与和辻哲郎交谊甚厚，来中国旅行期间一路上频频致信，不断地向和辻哲郎讲述旅途所见所感。

第八幅插图　第二窟中央塔下部的土俑配饰（由本书作者临摹）

向沟陷，一直延伸到下颚的下端（多数北魏佛像里有此类沟陷，但并不是说这就是必须的模式，其中也有未雕此沟、褶皱横向刻成双下颚的佛像）。推古佛和六朝佛概而言之为颜面细长，但这副面庞却绝不是细长的，是属于圆满丰腴那一类型的，而且，那双眼睛很特别，重修后的佛像眼睛上下眼睑睁得相当宽，然而，原物看上去仿佛是闭着双眼一样的细。它们朝着下方形成了圆锥轴。上下眼睑适度地鼓胀起来。双眉修长，形成了浅浅的圆弧形。

而且，佛像颜面所流露出的宗教式的微笑（正如昔日在参观奈良博物馆里的佛像时我所说的那种冥想与微笑融合在一起的一种表情）里面，比起冥想成分，慈祥的微笑成分显然胜出一等（在这种容貌里面充分蕴含着在后世的唐代完善起来的佛像容貌）。

关于佛像的发型和这顶际冠的形状，由于有插图，所以就不多做说明了。在这顶冠帽的前面凸起的位置，配有朝着上方的略呈直线形弯曲的月牙儿（这是在此地的佛像上屡屡可见的一种主题图案）。

耳朵长达肩膀，头发较长，垂及肩头。

如此剥掉了颜面上修补的佛像从整体上看来，是超出我当初期待的杰作。起初，我只是消极地想打破那些令人不快的颜面修补部分，希冀在此基础上来圆我的梦想，而实际上显现出来的，是远远超出我梦想的美丽的作品。我只有埋头忠实地再现这种美丽，因而绘制了许多幅写生图。

——就这样，我一边写着这篇日记，一边频频搁笔，深吸几口心爱的香烟，心里想道：啊啊，真想也让你看一回那些实物啊。我能想象得出詹姆士·弗格森（James Fergusson，1808—1886，英国建筑学家——译者注）和沙畹等先行者内心所涌起的感动。

忽然传来了脚步声，我急忙把小刀藏了起来，并把落在地板上的纸片儿收拾了起来。那脚步是木村君的。他说他也在下面把五六座立像的颜面的假面剥了下来（参见第三十二幅图片）。据说那假面比较厚，材料像树皮一样，可以一大块儿一大块儿地轻而易举地就揭下来。而且，用三脚架一敲打这座菩萨像上醒目地鼓胀起来的上肢前臂处，那儿就一下子整个儿掉了下来。原来，那是后来用漆使缺损部分人工鼓胀起来的。那手原来也不是修补时那样的姿势，或许是如同与之相对的菩萨像一样轻轻地向内弯曲的手指。

（第三十四幅图片所示的左手看来是其后进一步附加上去的——追记。）

随着附加物的剥落，这座菩萨像的最初构图之梦想愈发完善起来了。无论是包裹着小腿的呈现出自然褶皱的锥画，还是跪在前面的马的刀法，都相当简洁而且雄劲，典雅之至。

"破坏"使这座菩萨像获得了新生。对于伊东博士、冢本博士和关野博士等未曾看到，沙畹也无法知道的宝物的真正价值是由我们来发现的这件事，我们相当得意。

太阳已经完全西沉了，此后我们又登上了四楼，在雨中的薄暮里观看了尚轻微可辨的诸座佛像，直到物象整体已经完全难以辨认时才下楼回到东客栈，用力拂去外套和裤子上沾满的灰黄色的细细的尘埃，然后洗手洗脸，煮了咖啡，等待伙夫把晚餐的面和菜端进来。

云冈超乎想象的冷（由于忘了带温度计，所以无法准确测量。但根据推测，大概有华氏五十度左右吧），没办法，只好在夏装外面罩上外套，束紧皮带，并在小腿上套上小腿绑带。这其实是我劳动时的打扮。白色棉线手套由于每天攥着铜板和今天的工作的原因，指尖上已经绽开了大口子。

从昨晚起决定穿上冬季的和夏季的衬衣共三层；而今晚又冷得一塌糊涂，所以饭后，像日本从前的大车店常见的那样，我在外套外面又披了两条毛毯。这样活动起来非常不便，于是我又用绑腿把毛毯捆在了身上。

晚上写这篇日记，又读了松本博士的著作（《中国佛教遗物》），这本书屡次成为我们二人之间展开讨论的契机和相互探讨的主题。

到了九点，我们点燃蜡烛，走出客栈去给那些被噼里啪啦剥去了假面、拧掉了胳膊的佛像拍照。同时，对与之遥相对应的同样大的佛像（亦即面朝东方的那座），明天我们也要在它们遭遇同样的对待之前拍下照片留作证据。

在寒村黯然漆黑的楼上，忽然一声巨响，镁燃烧起来了。楼下传来了众人诘责的声音。

现在已经过了晚上十一点了。我们从今晚开始有煤油灯用了。在煤油灯的灯光下，我们喝着茶，吸着从奉天小心翼翼地带来的古莉花风味的香烟，或是写日记或是聊天儿。我们实在是愉快又满足。今夜这种心情即使过了多少年以后，我想我们也一定会满怀欣悦之情地回想起来吧。

在室内一隅，小白打着呼噜睡着了。窗外仍然下着微微细雨，风时不时地拍打着纸糊格子窗飘然吹过。此外，偶尔也会清晰地传来挂在某一座房顶上的风铃的响声。

九月十三日（一）

[**续第二窟**] 今天一整天的时间都消耗在了第二窟第三楼的石窟穹隆拱洞上。具体地说，就是在昨天写下的那个地方的菩萨像中面向东方的佛像那里，剥下其面部表皮、写生，等等。这里也是同样，在剥掉了后世拙劣的修补之手滥造的假面后，立刻呈现了不亚于昨日那座佛像的美丽的容颜（参见第九幅插图）。

这座佛像与昨天那座正好相向而坐，构成了完全的对称格局。也就是说，那边的一座垂下的是右脚的话，这边的一座与之相对应，垂下的就是左脚，随之，弯曲起右膝，将右脚搭在左膝上，左手放在右侧小腿的小腿肚上，胳膊肘竖在右膝上，右手食指轻抚着右侧脸颊。

弯曲着的右侧小腿下面空出了一小块空间，或许当初那里曾雕刻着马或者其他什么动物吧。

佛眼半闭着，上下眼睑恰到好处地鼓起。然而，与之相对的那边的那座佛像，眉目刻画得和这边的这座予人以双目微合的印象完全相反，这边的佛像看起来仿佛略微瞻望着前方，而且双眼饱含着温和的笑意。佛像的双唇也是朝着上方呈现出接近直线线条的弧度，两侧嘴角处深旋的涡陷蕴含着难以形容的娇媚。

佛像的右手手掌朝外张开，食指直伸着，中指、无名指和小拇指这三根手指和大拇指之间如同抓住一件什么物件一样微弯着。手指的姿势亦娇美之极，不过看上去没有中宫寺和李王家博物馆的观音像的手指那样纤细。或许原因之一在于佛像的材质是石头吧。

佛像为双下颏，正中刻有一条水平方向的纹理的脖颈粗壮而且柔软，两条小臂也如田园农家的健康的少女一样粗壮。发型和位于奈良的传问答师所造的沙羯罗龙王或者大和法华寺作为贞观时代的古物委托保管在奈良的博物馆里的木雕佛像的头部完全一样。也就是说，发型呈粗绳一样的形状。宝冠与衣裳和与之遥相对应的佛像的宝冠与衣裳是一样的。

在这里，为了剥掉佛像面部的纸而花了两个小时的时间。在此过程中，佛寺的住持（他几乎和男仆一样，小白不在的时候，甚至承担起了照顾我们的任务）、村民和巡警等先后来过这里，我手里的工作时不时地受到了妨碍。

想方设法连唬带蒙地总算把他们都哄走了。我说由于先前修理得不好，所以，我想剥掉这些把里面更好的材质展现出来，他们不知道是否真正听懂了，但表示领会了我的意图。只是在这里有一个相当不好对付的汉子，他的名字叫赵景云，据说毕业于山西陆军将校研究所，现任晋北镇守使调查员，大概是这座石佛的管理监督者吧。他

第九幅插图　第二窟三楼的菩萨像（东面）（除去修补部分）（由本书作者临摹）

时不时地过来巡视一番，对我所做之事没有说什么，但难看的脸色丝毫也不加以掩饰。

当然，并不是只有我们的见解才是正确的，他的想法也自然合情合理，然而，直到离开那一天我们也终究没能和他融洽地相处。

到了午后，天终于放晴了。

我们这一天第一次登上了位于三楼中央的塔上仔细观赏了这座石窟的四壁，内心被一股异乎寻常的惊叹所深深打动。

不过，在此之前，有必要对这座石窟的构造进行一下说明。

这座石窟的平面图略呈正方形（参见平面图），正面入口处宽十米、进深两米三的四层楼阁建在洞窟前面（参见第七幅及第二十四幅图片），楼后有四根圆柱、楼前

67 ｜ 云冈日录（上）

有六根圆柱支撑着，楼阁西侧有一座宽一米的楼梯。在紧靠这座楼阁的后面，有一间与其使用同一个入口、进深为六米四五的石窟前室，同时，在前室和长宽相同略呈正方形的后室之间，有一面宽约一米多的间壁墙，其入口比前室狭窄，三米一。这座间壁墙在楼阁三楼的天棚处形成了一座穹隆，在穹隆下面拱洞部位有一座曾在《声响》中被介绍过的菩萨像。

后室左右径约为十三米五、前后径约为十五米，特别是距后方两米处形成了一座高坛。石窟的高度我们没有测量。

接下来，与那四壁相隔大约三米的地方，中央也有一座被挖剩下的、平面截面为正方形的塔，塔高直达天棚。再详细说明一下的话，中央四角塔距离其前面七米六，距离东侧六米八。这里四面都建有与人齐胸高的台座，台座上雕出了凹陷的佛龛，佛龛里面分别立着一座大佛和胁侍菩萨，并且，在相当于楼阁三楼的地板的高度的地方形成了二楼，那里从四面雕刻了四根支柱，构成了九重塔的四隅；在其中央，又留下了一座缩小了尺寸的四角塔。

在这座四角塔的各个侧面，分别被一座呈巨大的船形的发着背光的大佛像填充着（参见第二十七幅图片）。

这些大佛由于经过了后世的修理，所以无法辨出其原貌来，仅就目下所观，谈不上是佳作。然而，四隅的九重塔里面两侧分别立有比人的身高略高的胁侍菩萨，这些胁侍菩萨里面的确不乏上乘佳作。其容貌圆润可人，身上的衣衫在腹部交叉成X纹形。

其中的一个例子正如第十幅插图所示。

关于这些细目，容我日后再详细报告吧。比起这些来，我更想快些讲述这座石窟东西两侧石壁上的雕刻。

首先，讲一下东壁吧。以楼阁三楼的地板高度（亦即中央塔二楼的高度）为基底，有一段高度应有四米多的台阶，里面立有三座巨大的释迦牟尼像（参见第二十八幅图片）。那几座立像除了上部的华盖那部分以外，都比石壁表面雕得略

第十幅插图　第二窟中央塔上部的土俑配饰（由本书作者临摹）

深，特别是其背光部位雕出了佛龛的意境。每座佛像的右手都像在讲经时那样高举着，左手伸在腰前。那也是释迦牟尼讲经像吧。佛像的头发像日本供奉神佛的圆形年糕一样盘成了双层，波纹状的纹路雕刻出了细细的毛发纹路。

这些大佛的雕刻效果并不特别精致，然而，立在每座大佛两侧的、约有大佛一半身高的、映着桃形背光的胁侍菩萨，每一尊都十分精美。

本来，这里的石壁也在后世（清朝）被重新修复过，但由于重修后又已经年深日久了，所以，色彩也已经陈旧，逐渐稳定自然起来，再加上虽说是重修，也仅仅是在雕刻表面上涂了一层白色贝壳粉涂料后，又涂了一层傅彩，而没有抹上厚重的黏土，所以，其轮廓较好地保持了原来的形状，丝毫没有引起我们的反感。

目测起来，大佛与大佛之间约有一米五的间隔。由于大佛的背光一路延伸形成佛龛凹陷进去了，所以，此处所说的间隔处，就是所介绍过的柱子，形成了相当于圆的四分之一左右的圆弧凸鼓了出来。正因为如此，两侧的胁侍菩萨多半处于迎面对着大佛的位置静立着，并且，附属于双方大佛的胁侍菩萨几乎都是背靠着背。而且，在大佛与胁侍菩萨之间仍有空隙，空隙内则由比胁侍菩萨个子更矮的、貌为僧侣的人物雕像充填进去了。

也就是说，这一层石壁表面大体由三座佛龛和四条凸鼓起来的圆弧描画成了一条舒缓的波浪。

那么，大佛与大佛之间的胁侍菩萨以及僧侣雕像所占据的领域之外的表面又是什么样子呢？那里也是相当精彩的。

在此，仅就自东壁后方起的第二条圆弧加以说明吧。三十多座小佛（天使、僧侣）或者双手合掌，或者手执各种乐器在进行礼拜、念佛、奏乐。浮雕刻得深邃，阴影浓重，如同塞尚创作的静物画所描绘出的某个局部一样，给人以强烈的统一性质感。乐器有笛子、箫、筚篥、笙、鼓和琵琶等（其他地方还有箜篌）。

在这群雄壮的礼赞佛陀的庄严的大合唱队伍里，无论是其幻想的高度还是构图的完美以及雕刻的深度，都堪称相当的精妙绝伦。

此处的石壁表面，在云冈无数座石窟里称其为重点也绝不为过。彩色当然是后世所涂，其主色调则为红色或绿色的补色，仅有一小部分夹杂着些许褐色或黑色。那些颜料已经陈旧了，红绿两色亦变得别有一番韵味，涂在这些雕刻表面反而形成了最恰到好处的和谐之色。

并且，这面石壁由于始终经受着从南面射进来的微弱的外部光照，所以显示出来的空气透视法效果非常明显，阴影也非常浓重。也正因此给这个宗教式的艺术世界增添了更加渺茫的氛围。

这个合唱团里小佛的面部，也无一不显现出了美妙的神态。每一尊小佛的面部都带着虔诚、慈悲而又静寂的神情。

这几条圆弧之外的圆弧在布局与雕刻效果上也与之大体相同。

参观了一会儿这一面石壁，不知不觉作为观者的我们也神思飘忽起来，渐渐移向了不可思议的宗教式情境的世界里，仿佛逍遥于一派充耳不闻却响彻内心的庄严静寂的、气势恢宏的音乐里。

西侧石壁与之同样高度的壁面也大体与之相同。然而，我却喜欢这面东壁。

东西两侧的石壁上，在这层台阶之上还有一层台阶，上面有一排两层的小佛龛列，两层之间由一条带状图案（在龙门石窟最常见的那种）隔开（再次参见第二十八幅图片）。接着，由此移向天棚。

天棚呈格子状，四方形格子里面雕刻着一尊尊人物像，我在其中发现了唯一的一尊呈犍陀罗风格面相的雕刻（参见第十一幅插图）。这种面相在所有云冈石佛寺里面的佛像中，仅仅发现了这一尊。

第十一幅插图　第二窟天棚上的人物（由本书作者临摹）

第三十四幅图片　第二窟第三楼菩萨像（西面）假面剥掉之后

第三十五幅图片 第二窟东南壁的下部

第三十六幅图片 第二窟正殿东壁中部的塔

73 | 云冈日录（上）

第三十七幅图片　第二窟北方双体佛

第三十八幅图片　第二窟北壁佛龛上部的装饰

第三十九幅图片　第二窟东壁上段

第四十幅图片　第二窟东壁上的释迦传（其一）太子竞射图

第四十一幅图片　第二窟东壁上的释迦传（其二）后宫嬉游图

第四十二幅图片　第二窟东壁上的释迦传（其三）父子对话图

第四十三幅图片　第二窟东壁上的释迦传（其四）邂逅老者图

第四十四幅图片　第二窟东壁上的释迦传（其五）邂逅病者图

第四十五幅图片　第二窟东壁上的释迦传（其六）邂逅死者图

第四十六幅图片　第二窟东壁上的释迦传（其七）邂逅后宫沙门图

第四十七幅图片　第二窟东壁上的释迦传（其八）妇女睡眠图

第四十八幅图片　第二窟东壁上的释迦传（其九）逾城出家图

第四十九幅图片　第二窟东壁上的释迦传（其十）入山苦行图（一）

第五十幅图片　第二窟东壁上的释迦传（其十一）入山苦行图（二）

第五十一幅图片　第三窟上部西南角的上壁

第五十二幅图片　第三窟南壁下部门口西侧

第五十三幅图片　第三窟南壁门口上部

第五十四幅图片　第四窟（佛籁洞）入口第五窟的外观

第五十五幅图片　第四窟前壁藻井

第五十六幅图片　第四窟前壁门口上部

第五十七幅图片　第五窟正殿前壁上窗拱洞

第五十八幅图片　第六窟（毗庐佛洞）副殿东壁

第五十九幅图片　第八窟副殿东北侧壁

第六十幅图片　第八窟副殿藻井（其一）南侧

第六十一幅图片　第八窟副殿藻井（其二）西侧

第六十二幅图片　第八窟副殿藻井

云冈日录（中）

> 第二窟中央塔的基座部分—表现于菩萨立像上的女人体态—《佛传图》—《太子逾城出家图》及其与犍陀罗美术的关系—第三窟—第四窟—入口的穹隆及侧面墙壁上的众神—第四窟内部的诸佛—第五窟—火焰的雕刻—第六窟—松本博士的意见及批评—第六窟并非开凿？起初就有，并且或许亦非主要佛窟—第七窟—第七窟里面刻有"太和七年"字样的铭文—第八窟—第九窟—第七窟外面的大佛像

九月十三日（二）

[**续第二窟**] 到了傍晚我们才从楼阁的三楼下来（楼阁第二层里没有什么值得特别记述的地方），到了洞窟的基底部分。

洞窟中央塔的四面贯穿着深深的佛龛，里面分别端坐着一尊巨大的佛像。这类大佛的雕刻效果不算好，但雕刻在其脚下的菩萨立像却实在是令人喜爱的艺术品。

菩萨立像要比人的身高高出一头左右。塔后面的以及东西两侧的菩萨立像的破损现象以及修理痕迹都很明显，但另一方面，那几处外部光线微弱，仅仅能够看到其大体轮廓，所以，从这个角度上看，当年的形状就那样保留下来了，这也着实令人欣慰。在这些尊菩萨立像中，仅就光线充足、能够清晰观察到其形状的前面的群像进行详细讲述吧。

中央大佛的两侧并列着两尊菩萨立像，再向其侧面与前方成直角的地方立有一尊佛像，而壁面面南成直角的地方，又立有两尊佛像，也就是说，大佛的两侧共存在五座佛像（参见第三十幅和第三十一幅图片）。而木村君就是从这五尊佛像开始剥掉佛像头部那厚厚的假面的。正如第三十一幅图片所示，仅看这些图片就可以想见古时创造的原物由于后世的修理所遭受的烦扰。

现寄去我在这群立像前所画的仅有的两幅写生画。其中之一是从正面大佛向左数位于第三座的佛像（参见第八幅插图）。

这是一尊胖得浑圆的、洁净至极的、呈现出处女的容貌与体格的高个子菩萨，面庞稍稍朝向左侧，在胸前双手合掌，而腰部则扭向右侧，好像在舞蹈一样轻轻地弯曲着左膝。展现下体动作的这种魅力在其他佛像中也曾有过。这和在唐代的胁侍菩萨身上可以看到的扭腰姿势有相当大的不同（这里所说的唐代模式的腰部曲线的特点，举

例来说，在奈良博物馆收藏的法隆寺出品的、名为《梵天立像》的日本天平时代的作品里可以看到），从姿势与神情等方面来看，在云冈石窟的所有佛像中，这一尊是最惹人爱惜的佛像。

还有位于大佛右侧的胁侍菩萨立像中的一座，也是一副高个子处女的形象，与其说是令人尊敬，莫如说在唤起人们的爱惜之情这一点上与前一座佛像相同。丰腴的右手置于胸上，左手放在腰际，头部如同沙畹或其他先行者所介绍的佛像提示到的那样，装饰着希腊神话中商神水星的羽毛。服装是北魏佛像所特有的、在腹部交叉成X形的衣裳（如第三十幅图片中央一侧所示的佛像）。

由于这是一群相貌年轻的佛像，所以，一进入这座洞窟，就给人一种仿佛是走进了女子学校宿舍里的印象。

当然，在这群佛像上方也有许多尊佛像，也雕刻着花纹，这些花纹覆盖着整个石壁，但我嫌麻烦，所以，就不在此一一赘述了。

接下来就是围绕着中央塔的这座洞窟的四壁了。虽说是四壁，但由于后壁建成了祭坛，祭坛上的很多座大佛像都被严重破坏了，所以，略去不表，而以东、西、南三方为主来进行讲述。

然而，其表面的雕刻状况纷繁复杂，所以，也无法一一记述下来。第二窟的东面及南面的图（参见第三十五幅图片）是在东南两面墙壁的拐角处拍摄下来的。也就是说，上部与前面所述的释迦牟尼像以及合唱团所在的那一层相连接，而在下部，在照片所显示的部分之下到地面之间高度约为一个人的身高一般。这里看到的是容纳了大佛像的佛龛及其周围那些作为装饰的小雕像和立在每个角落的五重塔（参见第三十六幅、第三十七幅图片）。同时，这幅照片以外的壁面首先也是重复了这样的主题图案。（追记：第三十八幅、第三十九幅图片是该室北壁以及东壁的一部分。后来得到了那里的照片，于是也收在这里了。）

在此一定非详细记述下来不可的是刚才忘记提到的与下部带状雕刻相连接的一层，也就是展现了释迦牟尼一生传奇的、呈画卷风格的浮雕连续作品。

这是一块大幅浮雕，上部是宽度为四十五厘米、雕刻着阿拉伯式花纹图案的层面，下部设有四十厘米宽的格子状层面，中间约一米宽的空间，上面雕刻着各种传说故事。正如伊东博士已经指出的那样，这与我国的法隆寺里的浮雕相同（参见第四十幅乃至第四十九幅图片）。

而关于佛传图的内容，可以看到东壁有五面，相对于南壁入口处，西侧的墙壁则有四面。从南面入口处看位置相当于东侧的部位亦有一两面图案依稀可见，而自那以西的浮雕以及西壁的浮雕损坏程度十分严重，早已无法辨认出它所表达的究竟为何图何物了。

这面佛传图以其技巧的神韵深深地感动了我们。马匹等生灵，亦刻画得非常写实，

第十二幅插图　第二窟东壁下部佛传图中的后宫嬉游·太子竞射（由本书作者临摹）

且十分美丽。整个构图中亦没有类似汉代画像砖那样的、中国味儿浓厚的烦琐感。这面浮雕最深处雕刻进了两寸之深，将广阔的空隙留出来作为一个自由的余白空间，而不似画像砖那样拘泥死板地硬塞进许多东西。一派无法用语言来形容的磊落从容气韵覆盖、支配着整座浮雕。

特别是砂岩材质的表面略感粗糙的软硬度与其泛黄的陈旧颜色，协调地构成了一道足以容纳其感情的媒介物。

雕刻的表面间或涂着红色，此外也有些许绿色。从入口处射进的微弱的侧光照射着画面，长长的阴影投在圆弧处、落在那处凹陷的空间里，使这群佛像的身影愈发显得缥缈。

其次，能够站在与犍陀罗的美术特别密切的关系这一角度，也强烈地引起了我们的兴趣。然而，对于这第二项，我觉得日后要进一步好好考察一下。

且看图案，沙畹做了如下说明：

一、太子竞射图　　　　　二、后宫嬉游图
三、父子对话图　　　　　四、邂逅老者图
五、邂逅病者图　　　　　六、邂逅死者图
七、邂逅后宫沙门图　　　八、妇女睡眠图

九、逾城出家图

对以下的浮雕没有进行说明。不过，关于第十幅的说明，我总觉得似乎是描绘释迦苦练修行的图画。那以后的雕刻被严重破坏，这无论如何都是一件非常遗憾的事。此外，我认为在《太子竞射图》的前面似乎还应该有一二幅画传。

［今天在誊抄时，在这里插入注释。其后，我在汉口的水野鹍之助那里看到了一幅一尺多长的北魏佛像的照片以及拓本。它们现在为日本某位富豪所有。那的确是一座北魏时期的佛像，不容置疑。其背后的花纹分为上下两段，上段为《白象降落图》，下段为蓝毗尼城的无忧树下，悉达多太子从摩耶夫人右侧腋下诞生时的图画。据此可以想象出这部佛传的最初一二幅画的大致内容吧。大正十年三月（1921年3月）记］。

《太子竞射图》 右侧设有三座靶子，左侧有三个人并列着张弓而立。上方的天空里有"一"中的天使在飞翔，同时，"一"中的靶子上爬着貌似猴子一样的动物（参见第十二幅以及第四十幅图片）。（这部图案在东侧的十二座石窟里也被发现了。）

《后宫嬉游图》 在这里，雕刻者的想象力获得了最大限度的自由放纵。在那座雕刻着和日本奈良的唐招提寺金堂屋顶上装饰的虎头鱼神怪兽形象相同的虎头鱼神怪兽的屋顶下，悉达多太子正襟端坐着，他的周围刻有六个仙女。她们或者小腿与小腿缠绕着互相拥抱着，或者在强行劝酒，或者拒绝着杯盏。这一类司酒的神仙所主张的思想当然在佛典中能够寻觅得到，而且，这种艺术性表现手法若不参考希腊的酒神节是断然想象不出来的。而且，与此特别相近的表现手法在犍陀罗的雕刻作品中也能够发现（参见第四十一幅图片）。

《父子对话图》 这一幅在佛传中究竟要表达什么样的故事情节，我无法猜测到。或许是父王正在谏止悉达多太子出家的意志吧。这幅图画仅仅描绘了出现在屋子内外的两个人物而已（参见第四十二幅图片）。

《四门出游图》 这四幅构图大致相同，亦即左侧设置了一座雕刻着虎头鱼神怪兽屋顶的房屋，画面中央雕刻着面向右侧的、骑在马上的太子，侍者在他后面撑着一把长柄的伞。接下来，右侧下方相继出现老者、病者、死者、沙门。在这些人物尚未填满的右侧上方的空间里则镶嵌着一两个飞天（参见第四十三幅至第四十六幅图片）。

《妇女睡眠图》 沙畹为了说明此图曾有一篇题为《女子的睡梦》的文字记述。或许是表现宫女慵懒入眠的情景吧，上部有一道代表了屋顶的间隔，其两端各坐着一个天使模样的人物——当然，仅仅是装饰性的人物而已。画面中央雕刻着一张巨大的床，床上有一个人物枕肘横卧，另有一个人物坐在床的一端，其他还有五个人物和一只鸡（再次参见第四十七幅图片）。

据此，我怀疑这一幅莫非就是涅槃像。然而，无论是顺序还是构图，看起来都不像是涅槃的场景。

或许，这还是四大天王以及帝释天为了妨碍太子出家而令仙女昏睡的场面吧。也就是说，这是刻画佛祖传记的作者极尽笔致刻画出的疲惫而眠的宫女的姿态吧。特别是将一个妇女横卧的姿态设置于正中央，这或许描画的是耶输陀罗姬吧。这样，坐在她裙裾旁的就该是悉达多太子吧。由此，下一幅图想必就是《逾城出家图》了。然而，这幅图的画面却没有刻画出其子罗睺罗。（其后，根据伏舍的著作得知，犍陀罗雕刻上也有与此图如出一辙的构图——伏舍所著的《犍陀罗美术》中第一百七十九幅图。谈及犍陀罗美术和云冈美术的关系，还是承认这一点更妥当。若说云冈美术属于犍陀罗美术系统这一说法是错误的，那么说它完全属于古不达系统、完全不具备犍陀罗美术的要素也不合适。对这个问题，日后我会重新撰文详细加以阐述的。）

《逾城出家图》从中央向右方大幅刻画出了骑在马上的悉达多太子。那匹马是一头阿拉伯品种的精品，浮雕那写实技巧也十分精湛。从汉代到六朝再到唐朝，中国精彩的马的雕刻作品为数众多，而这幅马的雕刻尤属上乘之作。画面上有四个人支撑着马腿，这大概是根据夜叉为了怕惊醒熟睡中的世人而防止马蹄发出声响的传说而创作的吧（参见第四十八幅图片）。

左侧下方较小地设置了一扇紧锁着的城门，在其上方，有一个天人从后面为太子撑着伞。

构图实在是从容大气，弥漫着一股难以名状的寂寞氛围。苍白的日光在那面深浮雕圆润的表面上摇动着，人和马的姿态也给人栩栩如生之感。

格伦韦德尔[10]所著的《印度佛教美术史》（*Buddhist Art in India*，1901年）由于书籍分量较轻所以被我带到了云冈。在此书中发现了一幅名为《释迦牟尼出城图，佛教雕刻，出土于罗力扬唐盖，现藏加尔各答博物馆》[11]的图片，我十分吃惊。马头面对的方向虽有左右之分，但这不是和云冈这幅《逾城出家图》的图案毫无二致吗（参见插入下一篇文章里的第三十二幅插图）？

这座收藏在加尔各答博物馆里的佛像破损较少，在十九厘米高的画面上刻着这幅

---

10 格伦韦德尔：（A. Grunwedel，1856—1935），德国中亚考察家、画家、佛教美术史家。曾组织和领导了第一次和第三次普鲁士吐鲁番考察队，为国际敦煌吐鲁番学研究的先驱之一。1881年大学毕业后，曾任柏林人种博物馆印度部管理员，因研究佛教美术而名噪一时。1902—1903年亲自挑选探险队员并带队去吐鲁番探险，重点是在高昌故城。他在吐鲁番设总部，将其发掘出的文书抄本和艺术珍品聚集起来，共46大箱，运往柏林。回国后，格伦韦德尔绘制其所挖掘的洞窟详图及每一文本所在位置，整理出了较为详尽的资料。1905年12月，格伦韦德尔又和因肆意切割新疆壁画而恶名远扬的德国探险家阿尔伯特·冯·勒柯克(Albert von Le Coq，1860—1930)联手组织了第三次探察队来到吐鲁番，直到1907年春，这一次共盗去文书文物204箱。

11 《释迦牟尼出城图，佛教雕刻，出土于罗力扬唐盖，现藏加尔各答博物馆》：原题为"*Gautama's Mahabhinishkramana or Renunciation. A relief from Loriyan Tangai, in Calcutta Museum*"。

《逾城出家图》。画面中央大幅雕刻着横向的白马犍陟，马的四条腿像被夜叉支撑起来一样在半空中悬着。车匿从后面撑着伞，上方空中照例跟着一直相随的裸体执金刚。太子前方的上空，还雕刻着三个飞天。此外，还有两个恶魔手持弓箭横挡在太子面前。

还要补充一句的是，在车匿身后，立着一根设计得极其简单的、希腊风格的柱子。格伦韦德尔在支撑马腿的夜叉构图里寻找着希腊艺术里的地神该亚或者盖娅的影子。（有关犍陀罗与希腊艺术之间的关系目前不在我的考察之列，所以，对这个问题不做探究。）

这些夜叉的作用是为了不让白马犍陟奔跑的蹄声惊醒熟睡中的世人。

（伏舍甚至认为，似乎从恶魔魔罗手执爱神弓箭这一细节就可以把"马拉"理解为是"卡马"的意思。）由此，这幅犍陀罗出家图与我们云冈的那幅一做比较，便发现了一个令人兴致盎然的事实。在这片土地上的图画里，恶魔魔罗的身影已经完全消失了，执金刚以及三个飞天也不见踪影，而且支撑着马腿的两个夜叉（按照格伦韦德尔的说法，在希腊神话的原型中仅有一个夜叉，在犍陀罗风格的图画里，因为马是横向刻画的，所以，为了保持艺术感觉的平衡而理应变成两个）在这里变成了四个。而且，那夜叉早已经失去了夜叉本来的特征，完全演变成了北魏时期的风俗人物。

比这更神奇的是，从后面撑着伞的车匿，由于被左侧下方的房屋所挡而被刻画成了在空中飞舞的仙人。

从构图布局上看，云冈的这幅画，直接或者间接地参照了犍陀罗图画底稿，这一点早已不容置疑了。而且，在犍陀罗图画里只是专门为了说明而刻画的画面，到了云冈以后变成了完全自由的、美术性的绘画构图。这些对我们来说，都是感到无上喜悦的魅力所在。云冈石窟的美术作品不是对印度的模仿，而是自行独创的产物。

《苦行图（？）》（原文即有问号——译者注）（参见第四十九幅图片）在那片珊瑚枝丫一样的树丛里，一个青年正在刻苦修行。这也是一幅可喜可赞的画像。

除此以外还可辨认出两幅与此相似的画像。一幅是横向并排站着的四个人和并排站在他们脚旁的、与之平行排列的另外四个人的头（参见第五十幅图片）。

另一幅图画上，左端仅仅展现了一个人的立像，其余全部被损坏了。如果余下那部分图画至今仍然完好无损的话，将其与犍陀罗的佛传进行一下比较，想必一定更加引人兴味吧。这真令人无比惋惜（再次参见第五十幅图片）。

[第三窟] 看完这些图画后，我们进入了第三窟和第四窟。第三窟里虽然被损坏了，但仍有一座楼阁立在那里。楼阁屋檐上方，悬挂着一块匾额，上面书有"西来第一山"五个大字，右侧雕刻着"顺治四年岁次丁亥菊月之吉"一行字，左侧雕刻着"兵部尚书兼都御史马国柱立"这一行署名。中央的匾额据说是世祖章皇帝的御笔亲书。

这座洞窟的前院现在成了磨房，与后室之间的隔界上了门锁，因此，无法进去看看。（附记：日后，我们打开这间后室进去参观，知道那里面也有几个优秀的美术作品。

此事记录在二十四日的《云冈日录》里了。)

[**第四窟**] 别名为"佛籁洞"的第四窟真是一股充满艺术感动的源泉。这里不过是一座宽约四米的入口处的小型石窟（参见第五十幅图片），后面的正面入口宽约九米、进深约六米。然而，雕刻在正对着那个狭窄的入口处的两面石壁的、宽为一米四〇的壁面以及其上方的穹隆上的数量众多的画像，真的堪称世界奇观（参见第十六及第十九幅图片）。

首先描述一下这一部分吧。这里已经在沙畹的图谱里出现过，在缪斯特伯格所著的《中国美术史》[12]里面也曾引用过，此外，大村先生在他的图谱中也曾介绍过。对于我来说，这些构图十几年来已经相当熟悉了。尽管如此，当我站在这些实物前面时，真的仿佛是初次目睹一样，感到非常不可思议。

事实上，这一群雕刻的美是看照片时领略不到的。美丽的砂岩打制的肌肤、千百年来风霜侵蚀、无法言传的材质本身的颜色、朝朝暮暮雨露阳光的洗礼——如果不把这一系列要素综合起来进行观察的话，是品味不出这一群雕刻的真正价值的。

穹隆最高处的中央部位雕刻着莲花图案。相当高的浮雕，片片莲花花瓣与后来竟然传播到日本的佛像莲花座上的花瓣一样。我不知道那花瓣的名称，但那花纹与第二窟的合唱团雕刻层面上方的带状花纹完全相同，也是在印度美术中常见到的一种花纹。

接下来让我们移动一下视线。在那里，横向朝南（朝外）雕刻着飞舞着的仙人。发型是盘成了圆形的双层发髻，比较小巧的脸颊丰腴而温和，并且由砂岩这种最合适的材料圆润丰满地展现出了仙人无比柔软的身躯和四肢，画面设计得极富于幻想并且看起来极具自然动感。在那圆润的浮雕画面之间由刚劲的刀法细密地雕出了衣衫皱纹和首饰等美妙的细节。

雕像上身裸露下身裹着衣衫，衣衫上涂着些许湛蓝色和猩红色。涂色手法相当不合理，但由于年深日久，色彩已经陈旧，所以显得苍茫无比，绝对是有胜于无（参见第十六幅图片）。

在下方，一个五头七臂的怪神骑在迦罗楼鸟上，这也是一座相当精湛的雕刻作品（参见第十七幅图片）。

大村西崖先生据此判断说，这也许是表述婆罗门神毗纽的变化吧。如果从这个角度看的话，或许是正在演变成观音吧。然而，站在佛像学方面的兴趣之外的角度来看，这部雕刻的艺术效果非常之好。（最初我无法知道这种雕刻的典型是否有其参照的渊源，但日后还是悟出了它是起源于中印度的。）

12　《中国美术史》：原题为"*Chinesische Kunstgeschichte. By Oskar Munsterberg*"，共两册，分别于 1910 年和 1912 年在德国出版。

雕刻的基底部位刻着横纹，其下方有一个右手拿着三叉稍的神王。这是一座除了右手和手执的稍之外都经历过后世修理的、厚实的塑像。我们也想将其打破露出修补层之下的原像，但由于这一座损坏程度很大，即使剥掉了上面的灰泥涂料，也会有将其全部毁坏的危险，于是只好作罢。

下面讲一下东壁的各座雕像。横梁支架部位也刻着身体呈直立状飞翔着的仙人，仙人下面，一个三面八臂的怪神骑在牛背上。大村先生认为这个怪神大概是湿缚神，沙畹亦曾说湿缚神是作为阿缚庐枳低湿伐罗（圣观世音）的变形之一而出现的。这座雕刻的原型与前面的五面六臂怪神同出一辙，而从我个人的喜好来讲，我更喜欢前者（参见第十八、第十九幅图片）。

此外，下面立着一尊因沙畹的说明而声名赫赫的神王。据沙畹讲解，头戴希腊神话中商神水星的鸟翼、手执海神波塞冬的三叉戟以及巴鸠斯神手中的葡萄杆，是一尊东西合璧的怪神。沙畹分析道，这座怪神大约发源于希腊末期的一个名为潘特埃（Panthees）的神。对这一说明，我无法赞同。而大村先生也曾讲过被记载为"手执戟的俱肥罗"的俱肥罗据说与毗沙门天（多闻天）是同一个神佛。难道其原型就是这么一个东西吗？想到这里我就忍不住想捧腹大笑了。是为了替代后世建造的宝塔才让这座怪神手里拿着这根宝棍的？

这幅雕像也一样，砂岩材质的表面受到了风霜的严重侵蚀，但和与之对称的另一座雕像相比，依然保持着当时的原型。

今天把唯一的一尊飞天略去不写。因为马在远处看见我之后就奔跑过来了，而孩童们也围在了我的身边，他们个个具有乡野之气，纯真可爱。薄暮已经笼罩下来了，我急忙收起三角架仓皇而归。

饭后，我又拿着引火材料去拍摄第二窟里的佛传图。这种尚未做顺手的生疏活计把我心情舒畅的一天引向了一个凄惨的尾声。镁无法点燃，三角架坏了，回到房间后我就包起头躺下了。

夜半时分，举目是璀璨的满天星斗，风把窗户纸吹得悉悉窣窣地不停抖动，同时还传来了风铃的阵阵声响。

小白今天骑着驴去大同买回了纸、香烟、蜡烛、盆子和刷子等。今后，香烟要抽"前面"[13]来凑合了。另外，小白还从大同带来了一床（相当破旧的）被子。

今晚也很冷。裹着两条毛毯，我写完了长长的日记。

小白明天还将骑上驴去大同修理照相机的三角架。

W君啊，我们俩每天每天都在渴尽全力地刻苦学习着，这是一种那些正在承受着考试的蹂躏的学生所体会不到的、毫无倦意的学习啊。我们总是这样想——许久以后，

13　"前面"——疑是"前门"笔误。日语中"前面"（zenmen）读音与"前门"的中文读音相似。——译者注

回想起这段日子的经历，我们一定会说，那真是一段实实在在地体会到生而为人的生存价值的一段时光啊。

我们常常搁笔讨论，也对随身带来的两三本大家著作进行批评。

九月十四日

[续第四窟] 今天一整天时间都用在了画第四窟（佛籁洞）入口处的两面石壁上的浮雕写生上。首先画的是东壁，从上午九点到下午一点半终于画完了素描。朝朝夕夕柔和的光线洒在东壁的表面上，略带灰褐色调的玫瑰红色的砂岩就显露出了浓重的底色。其间有几处玫瑰红色调较强，而有些地方则是浅蓝色或草绿色色调十分显著。

天空的晴阴、光照的浓淡哪怕有些微的变化都会影响这面石壁的色调，或者柔和，或者略感寒凉，或者豪爽，或者悲戚——如此变幻无穷的壁面的表情，宛如平静的大洋水面一样。

我们不能不承认，若想在石壁表面寄托其生活图景，那么，面前这些惹人深深喜爱的美丽的雕刻是最适当的手法。

朝南飞翔的仙人如同昨天所写的那样，中亚风格的圆脸上洋溢着一抹微笑。手里好像拿着花什么的，弯曲着的右手腕上呈现出某种性感魅力。左臂弯成直角，左手抚在发育良好的腰际，但从那里与胸腹之间形成的四角形的深深的空间望去，这一切流畅地高高升起的感觉直击着人的心灵。处女所特有的洁净的左脚高高地举过肩头。

宽为一米四十的壁面以及其上方的穹隆上的为数众多的画像，真的堪称世界奇观（参见第十六至第十九幅图片）。

下面的五面六臂怪神的五个面孔，作为肖像，每一张面孔都呈现出了特殊的面貌，令人喜爱。总觉得这些面孔风格既不是希腊的也不是犍陀罗的，更不是中国的。或许应该在笈多或者中亚那边寻求其源流吧。如若在我们所熟悉的美术作品中找出与之哪怕有些微相似的原型的话，那么就是问答师的作品了（相传问答师是印度人）。然而，佛像颈部以下的躯体形态在犍陀罗美术里就可以找到同一类型的；在伏舍的书法作品里插入的照片里，描画了人像柱的作品就与之酷似。

其属性特征是：左侧居中的手托着一只鸟，第一只手托着太阳，第二只手握着弓箭，右手放在膝上，（第一只手残缺）第二只手拿着月亮。

迦楼罗鸟的嘴上衔着小球，极端怪异而又带着几分滑稽意味。

就在我满怀着红潮溢面般的喜悦临摹这群佛像的过程中，嘴和脚都呈红色的鸟（在这一带被称为红嘴鸦）频频飞到洞窟内，并在天棚处发出惊人的尖利鸣叫；村民们也时不时地站到我身后来观看。

下午三点左右我又开始继续工作了，这次是绘制西侧的壁面。和上午相比，感觉画着素描的铅笔的笔速迟钝了。而另一方面，面对这令人惊诧的美丽，我也习惯了。

横梁支架上雕刻的仙人仍是朝向外边（南面）飞翔的，略呈双脚踩水游泳的姿势。仙人左手高举到头顶，手里好像拿着一件什么东西（我不知道究竟是什么）弯曲着放在左胸前。头发以及上身涂着些许绿色，裙裤上则涂着朱红色。

三面八臂像从上身到下肢都穿着褶皱繁纷的衣裳。正面头很大，而左右双头略小。左右两个小头面相颇似欧罗巴人，也展现了充满肖像韵味的美感。右侧居中的人手里拿着葡萄，第一只手托着太阳，第二只手握着弓箭，第三只手从手尖部位起被毁坏了。左侧居中的手扶在腰际，第一只手好像捧着一个什么物件似的高举在肩上。手部残缺着，然而，或许也是捧着月亮吧。同一侧的两条臂膀如今已经全部被毁掉了 [与这座怪神最接近的雕像，在斯坦因的《古代和田》(Ancient Khotan) 图谱中第六十幅图中可以看到]。

一进入洞窟内，只见正面有一座巨大的佛龛，佛龛里满满地刻着一排坐佛，佛龛两侧也雕刻着三排极具规模的大佛像。然而，从艺术角度上看，这些佛像价值并不大。比起这些佛像来，东西两壁的群像要更好，只是西壁遭受的风蚀更为严重，几乎没留下一尊完整的雕像。

东壁壁面大约分为三层，上面雕刻着容纳坐佛的佛龛，而且这些佛龛与佛龛之间刻进了佛塔，一群小人物雕像填充其中，此外，雕刻着忍冬花纹的带状隔层横向排列着。这种忍冬花纹是在云冈石雕里被频繁地重复雕刻过的花纹。

在入口处的穹隆上方里面（面向北方）也并排雕刻着一群六个的佛像。上界的花纹中，在出自东亚的木雕花纹（参见斯坦因的《古代和田》图谱的第六十八、第六十九幅图）或者犍陀罗美术中有与之相似的（参见第五十六幅图片）。

此外，在这面石壁上还装饰着巨大的菊花状花纹（参见第十三幅插图）。

而且，最精彩的是这座石窟天棚处的雕刻。为简洁起见，在此不一一进行说明了（参见第五十五幅图片）。

然而，总体上看来，后室里面的雕像与第一窟和第二窟的雕像感觉相同，只是那入口处约一米多的壁面上所雕刻的各座佛像与其他洞窟的佛像韵味显然不同。

我已经写得相当累了，关于第四洞窟暂且就写到这里吧。今天漏记的地方，日后再补写吧。

[**第五窟**] 从第四窟到位于其西侧的第五窟之间有大约八米的隔界，一片砂岩被挖成隆起状，与以下

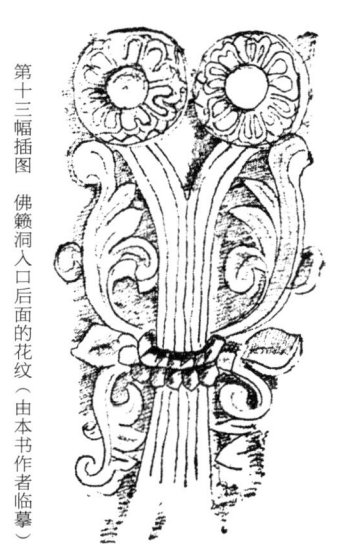

第十三幅插图　佛籁洞入口后面的花纹（由本书作者临摹）

第十四幅插图　第五窟至第九窟前面的风景（续右图　西方诸窟）（由本书作者临摹）

的第六、第七、第八和第九号洞窟呈连续状并列排在一条直线上（恰如第一幅插图的平面图和第十四幅插图的前面图所示）。

一座雕像座前面的两根柱子被挖掘后只留下了一根，是一根砂岩柱，所以，第五窟形成了三个入口。那些柱子之间，为了防止乌鸦和鸽子等鸟禽的入侵而镶上了格子窗户。

那几个入口处穹隆的上部有许多眼洞，想必是为了搭撑建在原来的洞窟前面的楼阁的大梁而凿出来的吧。

进一步到了第七窟，入口处穹隆的上部另外还有一个大型佛龛，其中一座佛龛里容纳着推古型佛像中最为精彩的一尊大坐像。

对这几座洞窟的概观讲解，我们姑且让位于写生图，在此不加赘述。

那么，请看看第五窟吧。第五窟之后的各座洞窟如前所述，深为拙劣万分的修复痕迹所扰。第五窟亦分为前后两室，前室入口处十米左右，立着两根粗壮的石柱，前院进深约为四又三分之一米，经过狭窄的穹隆进入宽敞的后室。

后室正面立着一尊巨大的佛像，大佛两侧分别立着一尊胁侍菩萨。

在前室的最后一排，立着一块重修纪念碑，上面刻着"大中华民国九年二月廿六日大同子温厉时中撰并书"一行字。

然而，修理工程当然不是只在这个时期才开始的吧。那些金色的或大红大绿油光

第十四幅插图　第五窟至第九窟前面的风景（由本书作者临摹）（继左图）

闪亮、熠熠放光的佛像才应该是最近的东西吧。

前室墙壁半腰处齐胸高处，画着近世时期的拙劣的画，在画上偶然发现了这样胡乱写下的字样："明治四十一年（1909）九月三十日随同塚本先生到达此处。侨居天津者槇口真藏。"如此说来，大概那一年佛像的一部分已经被重修了吧。

隔壁的中央部分，下部有前面讲过的第二个入口处，而其上部还开着窗户。二者之间，正如沙畹制作的图谱中清晰描绘的，融汇了屋顶、斗拱、天女群以及三面六臂怪神和一面四臂怪神的优美的花纹。斗拱在此也与三斗相互交错成人字拱式结构。

而那两旁的宽阔的壁面上，各有一座主要的佛龛，佛龛里坐着一尊双腿交叉成X形、双手在胸前合着掌的女身佛像。佛像颜面由于镶着趣味低下的成色颇新的金箔而闪闪发光，但即便如此，颜面的骨骼仍然相当秀丽。我想，如果剥掉了表面的修理层、露出原物的眼睑的话，一定会显得更加美丽吧。大概这座佛像的修理只有最薄的表面一层而不是厚重的土制假面。因为颜面上隐隐约约有刀痕露了出来，并且头冠的形状以及纵横方向的双下颌与北魏式佛像完全一致。

看惯了之后，我对这种拙劣的修理也早已不再反感了，这是因为，透过那些层装裹仍然能够推断出古代真正的艺术的影子。

此外，这里的各座洞窟到了后世被破坏得十分严重，因此，对其进行修理合情合理，并且，在被毁坏得完全失去形状的基础上，除了安上土制的脖子或者胴体之外恐怕别无他法吧。从这个角度上一看,对那些拙劣的修理我们也有几分宽恕了。另外,第五窟以下的洞窟内各座雕像,按照我们的想法来说,和第一座乃至第四座石窟相比较,本来就略逊一筹。

我们在心理上已经能够宽恕这种拙劣的修理行为了,这种心情上的转变,是我们在鉴赏方面取得的一大进步。无论如何,对艺术品如果不心平气和地去观赏,仅凭第一印象加以判断的话,那么,往往会做出错误的评价。

在第二个入口处上面的窗户上,其穹隆部位和对面表面上也有雕刻。特别是穹隆部分,中央位置上有一幅雕刻,是以一个盛着火焰的盘子为中心,四个儿童形象的天使围着它。这类群像的构图在第六洞以及其他地方也反复出现过。那束火焰状的东西(在第六窟里它呈博山炉状)究竟是什么呢?此外,在艺术史上又拥有怎样的沿革?——对这个问题,长期以来我一直怀有疑问。

然而,这种火焰的形状颇似犍陀罗雕刻的佛传中的《佛身荼毗图》[比如伏舍所著的《犍陀罗美术论》Fig.287:《佛陀火化》(*La cremation du Buddha*)佛像的中央部分]里面的火焰形状(参见第十五幅插图)。

或者,印度的烛台灯之树(Dipa-vriksa)或许是从这(参见伏舍的著作 Fig.137:《燃烧器和捐助者》*Brûle-parfums et donateurs*)转来的。仔细思考一下,似乎还是后者的解释妥当(参见第十六幅插图)。

第十五幅插图　犍陀罗的火焰(转抄自伏舍)

第十六幅插图　犍陀罗的烛台（转抄自伏舍）

还有，对前室的东西两壁也必须加以说明。然而，今晚还有更多的事要写下来，所以，略去不表。

仅有一处必须写下来的。这座洞窟、或者在这里以西的洞口的柱子的基部或者塔雕的基部上，刻有儿童模样的人像的雕刻很多。我想，这一点似乎也是犍陀罗艺术的传统吧。

[**第六窟**] 宽约十多米的前院入口处被挖出来的三座石柱隔开，使前面的洞窟与其前面的图一样。前后两室的隔界便是一条仅有两米半的狭窄的通道（侧壁的厚度约为一米八〇），通道后面，展现出了第二室。后室的后方有一根方圆五米的柱子，柱子正面有一尊曾经历过相当拙劣的修理的大佛坐像。后室破损尤其严重，天棚上的雕像已经完全消失，是以近代绘画来加以修补的。

后室入口上方是一片以龙为基本构图的装饰，其两侧也是拥有多只手的怪神。然而，这些雕刻要逊色于第四窟的作品。

前室中，后面入口的两侧各有一座大佛龛，而东西两面墙壁上则各有两座大佛龛，每座佛龛里面分别有一尊佛像。此外，在那些佛龛的上层也雕刻着一群大小佛龛，它们形成一条弧线渐渐移向布满了雕像的天棚（第五十八幅图片是前室东壁的）。

前室里的佛像面相及衣衫的褶皱与其他佛像略有不同，所以留下了特别的印象，至今仍历历在目。

关于这些座佛像，松本文二郎博士做过如下论述：

　　……特别是下面的各座佛像极具印度特征。从石窟的地位来看这些佛像的话，这座佛龛位于离云冈石窟中央位置稍微偏东的地方，所以，或许是灵严最初的作品吧。然而，作为灵严各座佛像中风格最自由、丝毫不拘泥于形式并且雕刻手法精湛优异的雕像，本人认为首先这座石窟当属头筹。这座石窟的前方的下壁上，有立像，有坐像，有倚像，具备了造像工艺中的所有形式。此外，这些佛像的着衣方式也最准确，没有丝毫的不自然或者模棱两可之处。这一点，如果不是谙熟印度人的着衣规矩是绝对造不出来的。首先，仔细观察一下立像，反而面庞圆润柔和，双眼半睁着，恰如所谓慈目观众生的表情。衣服几乎遮蔽了全身，仅仅露出了右侧胸部的上方，而且，衣服极其单薄，随着肉体的轮廓起伏着，宛如已经露出了裸体。……

如果了解印度笈多期的雕像特点的话，那么，这些雕像看上去与那些雕像酷似，总会令人不由自主地惊诧起来，然而，再看一下灵严的其他雕像，则会发现，着衣方式或是有误或是模棱两可，从而导致全身的比例有失协调；或者是依样画葫芦，未能表达出此种美术形式的效果。……

据此进行思考，我不能不这样推测——灵严第六龛的雕像，至少其下方石壁上的各座佛像或许是出自印度雕刻艺术家之手，或许是在其指导下由中国最熟练的工匠雕刻出来的。由此，我认为，从石窟的地位来看，这些雕像可能不是大同最早的作品，或者是为了避开那座山的山腰中央部位，由当时最优秀的雕刻艺术家在此创作了堪称楷模的这些作品吧。

对于在此引用的松本博士的论点，我们并不能全都同意；不仅如此，甚至还有相反的看法。

第一，对于认为这座石窟前室里的雕像远远超过其他各座石窟里的佛像这一观点，我们是反对的。我们认为，这座石窟里的雕像比沙畹所标注的第一窟乃至第四窟甚至西部各大石窟里的雕像在艺术上都要逊色。如果说这是一个评价的问题，是一个主观性的问题的话，那么，不谈也罢。

第二，说至少第五窟、第六窟和第七窟等不是云冈开窟之初的主要石窟，这仅仅从偶然在第七窟里发现的造像年号这一点上就能断言（关于这件事将在日后的日记里加以阐述）。而这第六窟附近的雕像，可以推测在云冈开窟之初也是要晚许多年才造的。松本博士所言"或许是出自印度雕刻艺术家之手"的推测几乎恰是我们所要否定的地方，而对"由中国最熟练的工匠雕刻出来的"这一看法，我们也不能不抱着相当大的怀疑来倾听。

第三，这座前窟中的佛像，特别是其下壁的各座立像的面相"反而面庞圆润柔和"，有些接近印度笈多朝佛像这一论点，确是事实。然而，这些佛像的颜面完全是由后世重修的，因此，绝不是表达了原物面貌的作品。（和好泥后制成厚厚的泥塑颜面，在上面又涂上黑褐色的颜料。）

关于佛像颜面，仅下壁的佛像是这样的，其他各窟仍和第一窟、第二窟里所看到的佛像一样。我认为，仅下壁的佛像展现了如此特别的面貌，这全部是后世修理的结果。

第四，关于着衣的形态。这些室内的佛像里袒露右肩的很多，每座佛像均有稍稍不同于其他石窟里的佛像的地方。然而，很难判断究竟有多少是原物，又有多少是后世塑造的。佛像上有许多深深的皲裂，这表明基本材质不是石料，而是泥土。

然而，这种着衣方法并非仅存于此窟中，在东方大窟里的胁侍菩萨身上以及西方各座石窟的佛像中都可以看到这种着衣方法。

综上所述，归纳一下本人的意见，可以说，的确，这座石窟里的佛像中属于笈多型的较多。

然而，说只有这座石窟里的佛像属于笈多型的说法不妥；同时，也不能说这座石窟或者附近的石窟是云冈的主要作品。毋宁说这些是后来的作品。此外，第一窟乃至第四窟里，不仅有笈多型佛像，可以认定属于犍陀罗型的佛像也很多。松本博士曾说，云冈石窟的佛像完全属于笈多型雕刻，丝毫也没有犍陀罗佛像要素的影响。在此，本人不得不说的是，对于松本博士这个理论我无法同意。

在这里，通往后室的入口上方也有窗户，前面曾出现过的四个童子围绕着火焰杯盏在翩翩飞舞。

[第七窟] 本座石窟没有前院（参见第九至第十二幅图片），与第六窟有约七米的间隔，在宽约七米七八的石窟正面中央有一个宽约三米五五的入口，在进深约十米的不规则四角形平面图中央，一座四角形的塔直达天棚。

这是一座残损程度较重的石窟，墙壁上有多处是以绘画来弥补雕刻的残缺。刻在中央塔的正面塔身上的大佛像残损尤甚。然而，雕刻在那片光背周围的手持各种乐器的小雕像每一尊都生动有趣。

只是在这座石窟里，东壁的高处刻有"太和七年中"的造像铭文，所以很重要。这是今年才被发现的，是迄今为止云冈石窟中唯一的一处北魏时代的碑铭（追记：其后又发现了十二处），无奈铭文位置过高，字迹无法辨认；做过拓本之后，那里能看到的仅是一团黑乎乎的影迹。一根日式尺寸为八寸[14]宽幅的木材从地面倾斜着一直支撑到那里。我想，这是为了供人攀登上去制作拓本而支在这里的吧。

而那些拓本，一听说寺庙里的一位和尚手里有，我就与他交涉，请他转让给我。可是今天还未到手。

然而，如果说这座石窟是太和七年所造，我们就不得不认为与本窟雕刻及模式相同的邻近各座石窟应该是大约晚几年后（根据主要石窟的开凿记录推测，或许是太安元年动工、和平三年竣工）制作的。

（附记：魏碑碑文的全文日后我将抄录在日记里；而根据我此后获得的那篇碑文

---

14 日式尺寸里的八寸相当于242厘米。

得知，本窟并非北魏天子所开凿的，而是由五十多名村民商议后动工开凿的。）

只见有"考古学者张觐臣、审美学者古钦勋，共和八年及九月下榻详细审考"这样一行宝贵的壁上留言。

[**第八窟**] 在宽约七米三的石窟正面中央立着两座石柱。石窟前院与后室之间有间隔，前院进深约为四米五五，后室进深约为四米七七，是一座小规模的洞窟，而且雕像中亦无精彩之作，残损程度又极甚（参见第五十九幅至第六十一幅图片）。

只有前院天棚上的雕像雄浑生动（参见第六十二幅图片）。

[**第九窟**] 这座石窟也没有什么值得一提的。打开前庭的门，只见正面入口处十米左右、进深八米半左右的四角形洞窟的后方雕有一座巨大的大佛，具有武装起来的四只手的一尊佛像成为一根人像柱，支撑着大佛的右臂，我觉得那种情形非常有趣。

＊＊＊

第九窟的西部还有一座石窟，然而，不知是几乎全部被毁损了还是从一开始雕刻就没有完成，至今形同废窟，就连沙畹也没有将此列为"第十窟"。

这个姑且不谈，而对于雕刻在第七窟外面入口处穹隆上的一座大型佛龛里的雕像，我必须费一两行笔墨。

在巨大的坐像两侧各立着一尊胁侍菩萨，而位居中央的大佛——尤其是其颜面的深度以及美丽真是无法言传。

最初一瞥时，觉得那面相相当古拙怪异，然而，稍微看习惯了之后再仔细凝视，只感到实在是端庄到极致的尊贵面相。由于是雕刻在坚硬的砂岩上的巨型雕刻，佛像躯干衣裳的雕刻比较粗枝大叶，然而其颜面雕刻却绝不粗糙，我甚至觉得，与中宫寺观音以及李王家博物馆里的如意轮相比，这座佛像令人感受到更为深奥的气韵。至少可以毫无忌惮地断言说，仅仅这张面孔就是令人惊异的！并且，随着朝夕晨昏阳光与空气透视法以及视点的移动变化，其外观时时刻刻都在改变着（如果拍成照片的话，无法收进这种动感魅力，而只会留下古拙的轮廓。这一点，若不来到当地亲眼一睹是无法体会到的）。具有同样深奥的基调，而只有其表面的感觉这样始终在无限地变换着，这一点意外地让人由这尊佛像联想到了茫茫沧海。除了虔诚跪拜以外，我无法以其他心绪来仰视这尊佛像。

不是悲哀，亦非欢喜，只是泪流难止一般的、无边无底的宗教式虔诚的情感一齐涌上我们的心头，并且，被深深地包围在"永远"这种情境里。

在一生的岁月里，能够看到这样的艺术作品，说它不是幸福，又是什么呢！

不管怎样都无法套用诸如"母性"或者说"地母性"什么的标签乃至诸如此类的各种概念的限制。如果歌德所歌颂的那种"永远的女性"这一概念能够通过某种具体形象表达出来的话，那么，恐怕非这尊佛像的优美容姿莫属吧。

（再版追记：由于这尊佛像所处位置相当高，所以，从下面仰视时无法看清佛像表情等具体细节，这次插入的第十三幅图片或许是搭了脚手架登高到近处拍摄的，所以，距离与气氛都不相同，没有我在这里所描述的那种印象。相形之下，反而我的叙述会使人读来有夸张的感觉。我想，这大概是因为从下面而且是站在侧面七三开的角度，非肉眼仰视所无法观察得到的。不仅是这一尊佛像，类推及其他佛像也是如此，我的叙述和照片以及观感皆有不一致之处，也就是说，人所看到的东西与照相机拍摄的东西是不同的。对此，我将不再一一写追记进行辩解说明。）

***

八点用了晚餐，今晚也拍摄了释迦传记图，只是不知今晚的拍摄是否也会成功。不过，这些传记图沙畹也曾拍过九幅非常精彩的照片，因此，即使今晚拍摄失败了也无妨。

我们渐渐习惯了在此地的生活。舍弃了诸如每日沐浴、每晚更衣这一类生活习惯，并且觉得这些生活习惯都已经不那么重要了。膳食总是令人心满意足，特别是在这片景色宜人、民风淳良的乡间，没有丝毫的危险。除了焦虑于每日的作业进展速度以外，我们忘却了俗世间的诸般欲望，恬然地过着每一天。我想，在我的一生中，这或许是最美好、最幸福的一段时光了。

今天一整天都是温和的阴天，而此刻能看到满天星斗，气温也有些高。从昨晚起，我们每人多加了一床被子，可仍然为深夜的寒气所苦。

今晚写了很长的日记。已经两点多了，就此搁笔休息。

愿我这满心满怀的幸福感也能同样传递给你！

第六十三幅图片　第七窟前面的一龛

第六十四幅图片　东方石窟全景（右起）及东端第一窟、第二窟和东方大窟

第六十五幅图片　东端第一窟（右）及东端第二窟（左）略景

第六十六幅图片 东端第一窟（石洞）内部的塔柱

第六十七幅图片　东端第一窟东壁下部北侧释迦传　逾城出家图

第六十八幅图片　东端第一窟东壁下部释迦传　太子竞射图

第六十九幅图片 东端第二窟（寒泉洞）内部塔柱

第七十幅图片　东端第二窟东壁的上部

第七十一幅图片　东端第二窟东壁的细部

第七十二幅图片 东方大窟（灵严寺洞）主佛像及胁侍菩萨

第七十三幅图片　东方大窟左侧的胁侍菩萨

第七十四幅图片　东方大窟右侧的胁侍菩萨

第七十五幅图片 第四洞内部的佛像（其一）

第七十六幅图片 第四洞内部的佛像（其二）

第七十七幅图片　西方石窟　从第十窟到第十五窟

第七十八幅图片 第十窟前景

第七十九幅图片　第十窟西壁的上部

第八十幅图片　第十三窟（接引佛洞）东南隅壁

第八十一幅图片　第十四窟（普贤菩萨洞）的内部

133 | 云冈日录（中）

第八十二幅图片 第十四窟(普贤菩萨洞)门口拱洞的东侧

第八十三幅图片 第十五窟上窗拱洞的东侧

135 | 云冈日录（中）

第八十四幅图片 第十六窟（宝生佛洞）的内部

第八十五幅图片　第十七窟门口拱洞的东侧

第八十六幅图片　第十七窟北壁左侧的胁侍菩萨

第八十七幅图片 第十八窟东北壁右侧的胁侍菩萨

第八十八幅图片　西方石窟（其一）从第十窟到第二十窟

第八十九幅图片 第十九窟（白耶佛洞）概略图景

第九十幅图片 第十九窟大露佛主像

第九十一幅图片 第十九窟大露佛主像头部

第九十二幅图片 第十九窟主像光背细部

第九十三幅图片 第二十窟东壁

第九十四幅图片 西端A、B窟附近外观

第九十五幅图片 西端D、E窟间的废洞

第九十六幅图片　西端E、F、G、H诸石窟外观

第九十七幅图片 西端A窟附近小洞西壁

第九十八幅图片 西端 D 窟附近小洞西壁

第九十九幅图片　西端 D 窟的西壁上部佛龛

第一〇〇幅图片　西端 E 窟的西北壁

第一〇二幅图片 西端工窟（西塔千佛洞）门口

第一〇二幅图片 西端H窟（西塔千佛洞）门口拱洞的西侧

第一〇三幅图片 西端Ⅱ窟门口拱洞的东侧

第一〇四幅图片　西端 H 窟藻井的西侧

第一〇五幅图片　西端 H 窟以西的一座石窟

云冈日录（下）

我们居室的风景—东方的各座佛洞—菜园后面的各座佛窟—云冈风景—东端第一窟及第二窟—东端第一窟上手执水瓶的佛雕立像—西方的各座佛窟—第十窟—第十一窟—第十二窟—第十三窟—第十四窟—第十五窟—其中的两座美丽的倚像—第十六窟、第十七窟、第十八窟—第十九窟断崖面大佛—第二十窟—存现于第七窟的铭文—后世修理诸事—第一、第五、第六座大佛背面的隧道—佛像面相的典型—薄暮时分的云冈—A窟至H窟

第十七幅插图　东方菜园后面的各座佛窟（由本书作者临摹）

九月十五日　云冈

今天一整天的时间也几乎全用在了画第四窟入口处两侧群像的写生上了。其间，去坐落于石窟前面的一户农家讨水，主人极其热情周到，把存在大水缸里的水给了我们。

晚上，我带上蜡烛和煤油灯走进了第二窟（释迦殿），画了佛传图中《妇女睡眠图》中的一面的写生画。画面充分洋溢着自由奔放的艺术技巧和作者对艺术创作这一乐趣的享受。整个画面的效果形成了一种中国画的独创韵味。今晚才拿到邮政明信片，所以终于能够往我们的祖国寄信了。我又拍下了我们俩深夜里围着圆桌加班苦学的室内生活图景。在序言里曾讲过我们居住的房子，而这是面对着第二窟前面并排的两座房子中靠东侧的那一座，中心长轴呈南北走向，是一座面积为10米×5米的长方

第十八幅插图　菜园后面的人柱像（其一）（由本书作者临摹）

形建筑物。房子内部分为两个房间，北侧的小屋（间隔出的、仅有四米左右的地方）是搭着一铺炕的寝室；东西两侧有纸格子窗户，但室内并不敞亮。房门朝西，前院的石板地面上装饰着陶兽和铁铸的大香炉，等等。此外，在地面上的石板与石板之间，繁茂地生长着几株没有开花的芍药。西客殿隔着院子泰然而立，房檐下高悬着一块匾额，上面书写着四个大字：慈悲无量。

晚上我们虽然睡在了寝室的炕上，但是因为还没有生火，所以只好把所有的衣服都穿在身上，再罩上外套，然后裹紧两条毛毯，钻进破旧而又不整洁的被褥之间入眠。将近拂晓时，寒气刺骨，一夜间常常被冻醒好几次。

九月十六日　云冈

在这座石窟寺的所有雕刻中，相貌尤为特殊的雕像位于第二窟的天棚上。这一点，正如我在九月十三日的日记里所记录的那样。今天画了一幅写生画（参见第十一幅插图）。也许说它是犍陀罗式的佛像也不恰当，但它既不是中国式的，也不是中印度式的。

第十九幅插图　菜园后面的人柱像（其二）（由本书作者临摹）

接下来的时间里，我们再次沉浸于第二窟的东壁上的合唱团那种深沉的宗教式情感的海洋里。

[东方各座佛窟]　从今天下午起，我们开始走进东方的一座座佛窟里仔仔细细地巡回观察。其中第一站，就是如今成了与农家菜园之间的后面隔界的、并且堆满了谷壳的一座破窟（参见第十七幅插图）。

在这座破窟与第一窟之间好像还有一座小洞窟，但被封在了建筑物的里面，所以无法测量出其大小尺寸。

那么，再说菜园子后面的洞窟吧。在其西端有一座比较大的洞窟，自此向东还有四五座不太重要的小洞窟。同时，在这座大洞窟里面，还能够看到虽然破损相当严重但仍给人带来美好而愉快的印象的两三根人像柱（参见第十八幅、第十九幅插图）。这种人像柱在西部各座石窟里也并非没有看到，但是那里的人像柱由于经历了后世的修理，几乎完全失去了原形。

紧邻这座大石窟东侧的，是几乎被埋没在地下的小型洞窟，也是成了保管农作物的库房，并且由于在此烧火，常年的烟熏火燎使墙壁表面被烟灰涂成了一片漆黑。而在这漆黑外表的里面，仍然可以看到几群拥有美丽容貌的楚楚动人的群像。头顶黑漆帽，身着华美衣袍，与龙门宾阳洞里行列像中的人物有几分相似。

这片菜园里有许多结着小小的果实的沙果树，树下，身穿红色衣衫的女童在嬉戏玩耍。

隔开菜园子后方的小山丘以陡峭的坡度骤然伸向了地面。那里建着一面土墙围着菜园子。然后呢，东部的高高的山丘又展现在眼前（参见第二十幅插图），并且这片斜坡地带有一座舞台，从舞台向北约八十步的地方有一座祭祀五谷神仙以及龙神的寺庙，里面有几尊似乎在《新斋谐》[15]中出现的各种神仙与鬼怪的雕像。

祈雨用的神器是一枚两端呈圆锥形的、共有八棱的梭状木片，木片表面刻着一圈儿不知该从哪里读起的字：

三日雨足

风调雨顺

五日雨足

风多雨少

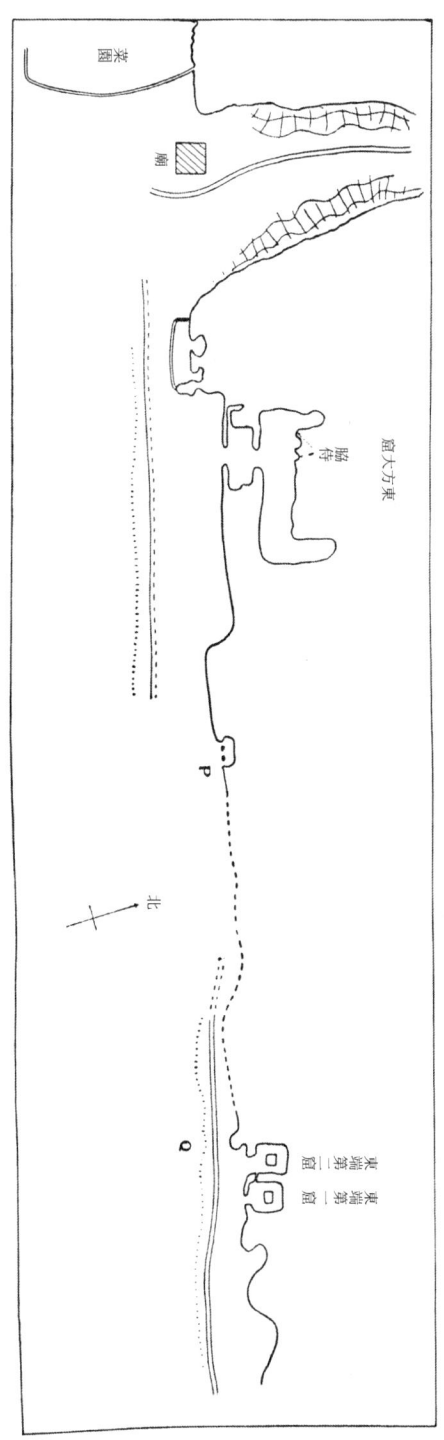

第二十幅插图 东方各座佛窟平面图（根据作者步测绘制）

---

15 《新斋谐》：清代诗人、散文家袁枚（1716—1797）的作品。

第二十一幅插图 东方各座佛窟示意图（由本书作者临摹）（续右图）

当日有雨
□愿不还
风少雨多
人心不音

第二座丘陵上面也有很多洞窟，其中尤其醒目的，是位于丘陵西端的一座巨大的洞窟。对此，与其用文字来说明，不如展示平面图更易说明其概念。这是一座破损严重的未完成洞窟，在这里能够看到的只有一尊巨大的立像佛和分别立在两旁的胁侍菩萨。不可思议的是，每一尊佛像都拥有相当美丽的容颜（参见第七十二幅、第七十三幅图片）。这几尊雕像中，用于上体、特别是相当于颜面部位的砂岩层异常坚硬，故而至今仍保存了几乎全部的原型。

这些与西部的大露佛（第十九窟）相异的面相特征也可以将其作为一个典型归纳列举出来：圆脸、双下颏、天真无邪的大眼睛和画得有几分夸张的水波状双唇。中央那尊雕像很像是释迦佛像（参见第七十二幅图片）右手举过肩膀，左手手掌在膝盖上张开形成讲经的图景，立在左右两侧的胁侍菩萨分别将各自的右手置于胸上。容颜的整体印象宛如纯洁无邪的童子，即使纵观整个云冈石窟，也是只有在这座石窟里才能看到的一种典型（参见第七十三幅、第七十四幅图片）。或许是因为雕刻的时代异于其他洞窟的缘故吧。

那些雕刻的表面被打穿了许多孔眼，可是不理解是为了何种用途而预备下的。

稍微介绍一下这座洞窟各部位的尺寸吧。前室的进深为六米五十，后室左右径有

第二十一幅插图 东方各座佛窟示意图（由本书作者临摹）（继左图）

三十一米之宽。同时，从洞窟入口处到后方最深处有二十二米之长。然而，这样巨大的洞窟竟然在古代尚未完成就这样荒废了，如今成了被叫作红嘴鸦的一种长着红嘴巴的乌鸦的巢穴。

入口上方有采光用的窗，从外面可以登到窗前。一站在那扇窗上，那三尊佛像的美丽的头部就展现在眼前。

岩窟外面繁茂地生长着当地人称之为"瓦松花"的一种石莲花属的奇异的花。"瓦松花"长着形如大花马齿苋，但比它更粗的、饱含水分的针状叶子，成串地开满了白色的小花，有一点儿令人感到晦气的印象。据说它是疗伤药材。此外还长着一两种艾蒿，散发出一种甘美的芳香。

之后，我们开始与佛像背向而行。眺望着河川流域的一马平川，眼前宛如展现出了一片桃花源。

在距离五六町（日本的一种长度计量单位，一町约为109.09米——译者注）之远的前方，构成这幅画面背景的丘陵与我们此时此刻立足于此的丘陵并排平行着，描画出一条极其舒缓、柔和的天际线，并且大气磊落，沿着东西走向延伸着，令人感受到一股强烈的质感印象。山顶以及山腰间被一片略带几分褐色色调的绿色柔和地覆盖着，偶尔有几处明黄色和鲜绿色植物交汇成一片，呈现出一股对比强烈的韵律，欢快地鸣奏着丘陵的交响曲。向下延伸至河畔的山脚处间或形成一面绝壁断崖，在一片代赭色背景下闪着耀眼的光芒。

河面上没有粼粼波光，只是在这片不生草木的河川流域里，河流如一条宽阔的玫

第二十二幅插图　云冈风景（由本书作者临摹）

瑰色缎带一般飘舞在大地上，而后，从那里到丘陵之间，由于种植了蔬菜才编织成了一块饰满浓淡不同的、各种绿色的绸锦。

地面的某处偶尔会显现出一块黄色的圆形，闪耀着熠熠光芒。那是谷子或者高粱被磨过后，堆积起来的谷壳或高粱壳染黄了那一块土地。一头驴一边发出奇怪的叫声一边转着圆圈儿，手里攥着拴驴的口缰的一个男人也站在地中央，一种灵巧的带着某种机关[16]似的器械也在不停地转着。生活在此处实实在在地展现出了一种悠闲舒缓的节奏。

此外，在其他地方还有人把谷物捆好后堆积起来；或者有人拿着扫帚在清扫地面。而街道上，则常常有人骑着驴走过。

我们在欣赏了这片风景之后，接着就下山来到了大道上，然后又往东走，观看了位于东端的两三座石窟。也就是说，从大洞窟向东约为六十米远的地方有一座小型洞窟；距那小型洞窟再隔约四十米的地方，还有两座洞窟。假如从东侧开始排列这些洞窟的话，那么，暂且分别为其命名曰"东端第一窟"以及"东端第二窟"吧。

这几座洞窟以及东部大窟的位置大体上参照第二十幅插图中的平面图即可了解，但这里我仍想附上示意图（参见第二十一幅插图）。这里看到的左侧 A 处是东部大窟，B 处是东端的第二窟，C 处只能看到一半，是东端第一窟（仍要参见第六十四幅图片）。

东端第二窟（参见第六十五幅图片）是一座东西径约为八米，南北径约为十米的洞窟。洞窟中央一座基座部直径约为一米半的四角形三重塔巍然挺立，直达天棚。塔的下方显然受到了严重的风蚀，如同流淌着烛泪的一根蜡烛。在佛塔的第一层和

16　灵巧的带着某种机关似的器械：大概是碾子。——译者推测

第二层上雕刻着三齿叉形状的斗拱和呈着端端正正的"人"字形的、名副其实的人字拱,这种手法也颇似石佛寺第二窟的佛塔(参见第六十九幅图片)。

在这座洞窟的东壁上,挖出了一座容纳进坐佛的佛龛,里面的分界线上刻着带有僧房的五重塔(参见第七十幅、第七十一幅图片)。西壁也大体与之相当。

此外,东壁下侧的后面刻着佛传图中的一个场景,即与第二洞(参见第十二幅插图及第四十幅图片)上雕刻的内容构图完全相同的《太子竞射图》。

接着讲一下东端第一窟。这里也是约为八平米的洞窟,中央部分立着一根由两层构成的塔形佛柱(参见第六十六幅图片),洞窟东壁和西壁上也雕着佛龛和佛塔;而东壁下侧的后面也刻着佛传图中的两三个场景,《逾城出家图》和《太子竞射图》明晰可辨(参见第六十七幅、第六十八幅图片)。

在这座洞窟的西壁的南端,还有一尊相当优美的薄雕立像。立像刻画的是一个左手举着水瓶的人物,充满写实性,与其说将其看作一尊佛像,毋宁说更愿意认为它是一座肖像。温和的代赭色砂岩材质上,不知是何时涂上的深蓝色、红色和绿色,陈旧得恰到好处,宛如使用粉蜡笔画出的一样,美术效果自然别致(参见第二十幅图片)。

此外,在入口处以西、面朝内侧的南壁墙面上,一座经历过重修的大佛像旁边,雕刻着一位瘦骨嶙峋的老人半盘着腿端坐的雕像。不知道老人雕像所要表达的是什么,但很像犍陀罗美术中屡屡可见的婆罗门像。

或者,我甚至觉得那是一座《柿本人麻吕》[17]像之类的肖像。

晚上,为了制作《逾城出家图》、《妇女睡眠图》和《邂逅后宫沙门图》等大幅壁面雕刻的拓本,我一直在那里待到十一点。开始时,我还往小笤帚尖儿蘸上水一点儿一点儿地做,但到最后,觉得这样做又慢又费事,于是把瓶子里那早已经不知道是什么味道的水倒进嘴里然后"噗噗"地大口大口直接往墙上喷雾。然而,请小白当助手一起干的这些活儿,绝对谈不上是一件令人愉快的工作。

今晚,上弦月正好爬上了对面房子的屋顶,呈鸡头形状、装饰得极为繁杂的屋顶,呈现出了极具幻想性的皮影般的轮廓。

九月十七日　云冈

[**续东方各石窟**]今天一整天时间几乎全部用来画东端第一窟中手捧水瓶的人物像写生画了。那座雕像虽然脚部已经残缺,但从高高的三角形发髻顶端测量,到脚下横划线处,约有一米高。头上方正中央挂着一块幕布,幕布上方的栏杆里雕刻着舞蹈

17　柿本人麻吕(约660—720):亦写做"柿本人麿",日本飞鸟时代著名的歌人(和歌诗人),也是《万叶集》最具代表性的个人。后世将其与山部赤人并称为"歌圣",也是日本古代"三十六歌仙"之一。——译者注

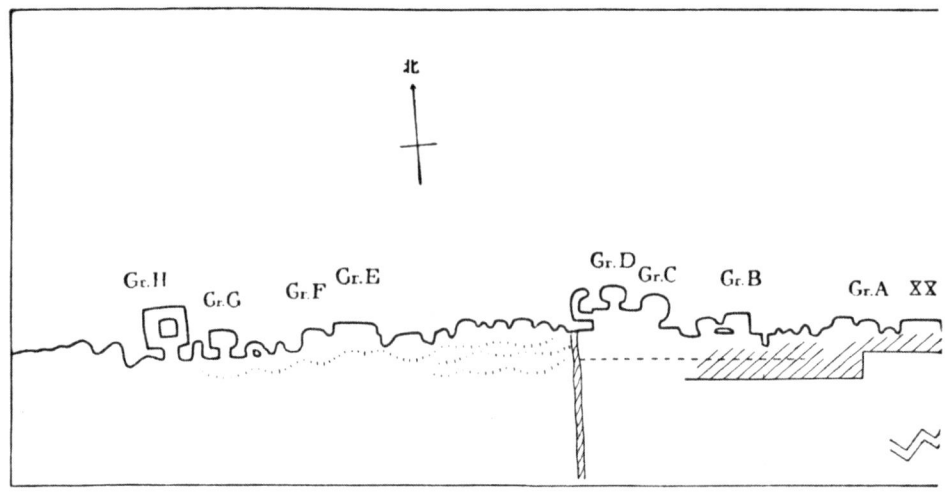

第二十三幅插图　西方各座佛窟平面图（根据作者步测绘制）（续右图）

着的幼童以及花瓣，而再往上的一层里，则雕刻着合掌而拜的两个人。在清晨明快的阳光照耀下仰望这尊雕像，只有颜面轮廓分明、白皙，满脸温和优雅的面貌如同开放在拂晓时分的睡莲一样淡雅（参见第二十幅图片）。

这座雕像也许是观音像，但眼下这类佛像的学术并不是我们最看重的问题，我们充分领略了比起水彩画或油画来，更适合化成雅致的粉蜡笔画的这座雕像的绘画艺术效果，真是过足了瘾。

总体说来，我们这次在云冈的生活，自始至终都充分地享受了作为一名画家所能体味的感官性愉悦。尽管无论是在佛教史方面还是在文明史方面，我们应该考察的事项不胜枚举，但我们一律置之不理，只是一味沉醉于古代美术作品的美妙印象里了。与其说这是由于我们意志薄弱，不如说是因为大同石佛寺的艺术真的如此美轮美奂。我们把考证方面的工作推移给日后的机会，而此刻的我们则满怀最幸福的心情享受着绘画艺术带来的愉悦。

画完素描或完成基调着色之后，我屡次走出洞窟，沐浴在灿烂的阳光下。阳光宛如春天正午时一样和暖，无论是近处的青草上还是在远处云冈河（或者是武周河）的河床上，都有一股热浪摇曳着飘然升起。似乎能听到云雀的叫声——当然听不到云雀的叫声，反而时常会听到远处田里的农民喝斥毛驴的声音。黄色的野菊花和紫色的野菊花盛开着，云冈河波光粼粼，涌动着玫瑰色的光亮。此时，我忘记了中国，忘记了北京，仿佛置身于希腊的世外桃源阿卡迪亚里一样。正如文学作品中可能出现的那样，十六世纪某个幸福的威尼斯画派的画家青年时代的灵魂被融入了一部中国小说里，而迄今为止我所拥有的北国式的灵魂是否也在此刻被置换了呢？

这时传来了鸟儿惊慌拍打着翅膀的声音，好像野鸽子一样的鸟飞走了。我发着呆，

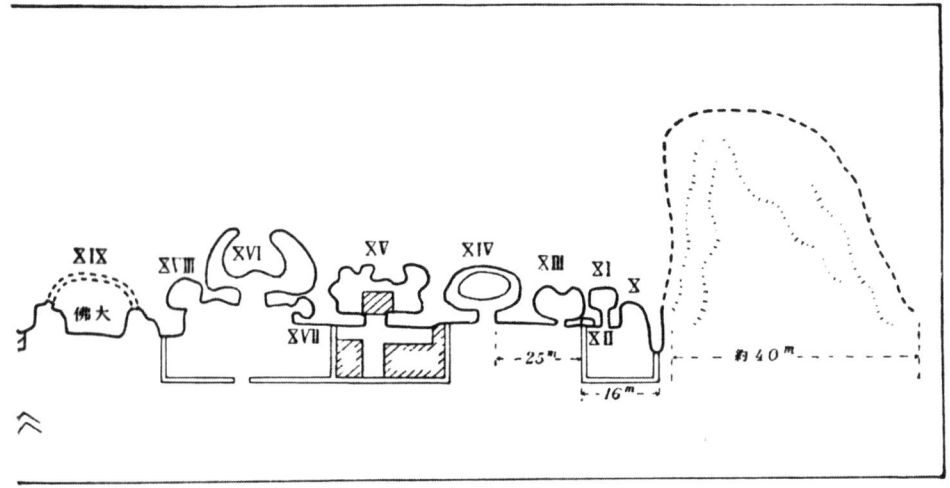

第二十三幅插图　西方各座佛窟平面图（根据作者步测绘制）（继左图）

只是一味地吸着烟。遗憾的是，以菲杰尼牌香烟昨天抽完了，所以，今天只好凑合着抽中国味道的前门牌。

下午两点半吃了午饭后，再次前往东端的洞窟，继续干余下的活儿。

然而，到了傍晚，上午春天般的温暖天光就已经消失殆尽，霎时冷得连内心都寂寥起来，天空笼罩着的仿佛是十一月下旬河川填充地带常常出现的一片阴霾。

夜晚，借助煤油灯的光亮，我画下了第二窟里的《妇女睡眠图》和《太子竞射图》等浮雕的写生画。

九月十八日　云冈

[**西方各石窟**] 从今天起开始视察西方各座石窟，按照沙畹所说的那样，开始对位于西部方位的石窟群（Groupe des grottes situees a I'Ouest）进行视察。也就是说，按照沙畹的分类方法来数的话，就是第十窟以西的各座石窟。

根据沙畹的命名法来数的话，从东向西数分别为第十窟至第二十窟，再往西那些较小的石窟上，则另外以 AB 等符号来标注。

在此附上第十窟以西的各座石窟的平面图（参见第二十三幅插图）。不过，这只是一份记录，特别是第十一窟和第十二窟的位置不知何在。

[**第十窟**] 接着就是第十窟。在一直延伸到第九窟的断崖上筑起了一座高高的土墙，自土墙向西约四十米（其间向北深深地弯进去的一个斜坡）的地方又有一处断崖拔地而起，而第十窟就是贯穿在断崖东端建造而成的。对其位置关系，通过前面所示的平面图就可领会，在此，再附上一张石窟前面缩图（参见第二十五幅插图上半部）。

由此，第十窟、第十一窟和第十二窟的前面亦可类推。右端墙壁仅限于第九窟。

正如前面图所示，第十窟到第十二窟又被一面土墙遮住了前面，里面被当地村民用来作为住宅在使用着，所以，观察那里相当不便。特别是有好几条猛犬，不仅狂吠着威慑我们，而且露出獠牙逼近我们，是我们整个视察过程中最大的阻碍（参见第七十七幅图片右角的石窟）。

进入农家院墙内，走到头儿，第十窟就展现在了眼前（参见第七十八幅图片）。东西径十一米、进深约为七米的佛龛里堆满了稻草，在佛龛微微偏东的地方，立着一根方形石柱，柱身上雕刻的小佛像排成了棋盘格子状，给人印象极好。把这根历经一千几百年风雨的佛柱仅仅作为一根柱子来使用着的农民的生活，令人感觉是一种浪漫的对照物。这座雕满巧夺天工的精湛的雕像的西壁墙面，在沙畹所制的第二百四十六幅图中可以看到（或者参见第七十九幅图片）。

［第十一窟］这里成了某个人家的库房，上着锁。我们从门缝中窥探里面，没有发现值得特别记述的东西。洞窟很小，最多只有方圆四米左右（参见第七十七幅图片，右边第二座石窟）。

［第十二窟］这是一座位于第十一窟与第十三窟之间的很浅的小洞窟，然而里面有许多相当精彩的佛像（参见第七十七幅图片，右边第三座石窟）。

第二十四幅插图　第十窟、第十一窟、第十二窟的前景（由本书作者临摹）

本来，正面有九座佛龛，而左右墙壁上分别有两三座佛龛，但现在石窟中央搭了一个架子用来堆积稻草，同时一个佛龛已经完全被毁坏了，所以，无法看到大村先生或者沙畹拍摄的照片中所展现的佛龛全貌。佛像或者盘腿而坐，或者双腿交叉成X状而坐，无论哪尊佛像的面容都非常动人可爱。

在这座洞窟以西所见到的每座石窟里的佛像几乎都呈现出同样的面相，而只有这座佛龛里的佛像，几乎是其中非常典型的、最好的作品（参见第十四幅、第十五幅图片）。

［第十三窟］起初，我们按照沙畹编的序号数洞窟，怎么也没有找到第十三窟。这也不奇怪，因为尽管这是一座南北径约九米、东西径约为十五米的大型石窟，但石窟入口处仅有一米左右宽，而且一半儿被埋在了地下，而上面，这里的农民把这座石窟当作杂物棚使用，所以，那狭窄的入口也用瓦砾、石头等堵住了。因此，我们没能

认出来。我们搬开瓦砾、石头，这样才像狗一样潜入了这座深邃的洞窟的底部（参见第七十七幅图片，左边第三座石窟）。石窟正面有一座巨大的佛像立像，左右也并列着许多尊大佛像。残损很严重，但无论哪尊佛像都面容英俊清爽。此外，东西壁的墙

第二十五幅插图　西方第十四窟的前面（由本书作者临摹）（续下图）

第二十五幅插图　西方第十四窟的前面（由本书作者临摹）（继上图）

面高处雕刻着千佛（参见第八十幅图片）。

[第十四窟] 这座洞窟相当大，洞窟的大半空间由一尊盘腿而坐的大佛所占据着。

为了说明这座洞窟的位置，再附上一张附近断崖前面的风景的插图（参见第二十五幅插图中央）。巨大的佛像头部从上面阔大的采光用的窗户就可以看到（参见第七十七幅图片，左边第二座石窟）。

此外，石窟入口处东西壁面的雕刻非常精彩。而东壁外观则比西壁更美丽，这里刻着一座小佛龛（参见第八十一幅、第八十二幅图片）。

[第十五窟] 这座洞窟也被土墙包围着，洞窟上方和当地住户紧密连接在了一起，成了住户院落的一部分。一接近这座洞窟，猛犬就狂叫起来，几个长相可爱的小女孩儿都没能制止住它。

一个农妇从里面出来为我们打开了门扉，我们才终于进去了（参见第七十七幅图片，左端）。洞窟被砖墙隔成了两三个部分，入口处放着一块石碾子，从那儿又打开一扇小门，由此走到东西两个部分。西部成了厨房，东部则堆满了稻草。由于此种现状，无论是在沙畹的图片里还是在大村先生或者其他先行研究者所制的图片里都没能看到这座石窟内部雕刻的复制品。

整个石窟呈不规则的长方形，东西径约十七米，南北径约为六米，石窟中央有一面 4米×2米 的间隔，成为洞窟与东西两部连结的一条狭窄的通道。

特别是在作为厨房而使用的西部角落摆着两口大缸，大缸上方有一两座佛龛，其中的坐像面容无比美妙端庄，给我留下了特别深刻的印象。第二十六幅插图所展示的是其中之一，圆脸庞、高鼻梁、双眼及嘴角浮现出难以言表的娇美神情，展示了我们尽可能想象得到的高贵神韵。其高度为七十五厘米左右。

第二十七幅插图所展示的雕像在上层，比这座坐像小许多，面容如同小女孩一样，双眼含笑、面颊丰腴，但遗憾的是，这里所附的写生图无以表达其真切的容颜。

这几尊佛像颜面的类型与其他石窟里数量繁多的北魏佛像的类型迥异，反而与后来兴盛于唐代的面颊丰腴的佛像很相似。它们几乎完全摆脱了犍陀罗美术、中印度美术和中亚美术等蓝本的影响，如果非要说出它们的关联的话，用一种勉强的说法，那么，多少融进了几分中印度美术的风格。

此外，这座洞窟里还有七座巨大的佛像，七座都是立像，一尊最大的佛像居于中央，左右分别有三尊胁侍菩萨面南而立（再次参见第八十三幅图片）。

[第十六窟] 这座洞窟中央摆放着一尊相当巨大的盘腿而坐的佛像，因此，这座洞窟的平面图面向北方形成了"凹"字形。石窟左右径约为十七米，从"凹"字最深的部位测量其进深，到前壁距离约为十米。入口处宽约四米，在面对入口的、宽约二米的壁面上，还雕刻着几座美丽的佛龛。这座洞窟的两侧还有较小的洞窟。

第十六窟呢，在其前面也有一片被低矮的土墙围住的菜园子，并且入口处被砖墙间隔开，现在作为磨坊在使用着。

东西两壁相连成了一座穹隆，上面有如棋盘一样雕刻着无数座小佛龛，十分壮观。第四幅图片是这座石窟入口处西壁壁面上的群像的照片，展现了残损较少的、北魏佛龛的此类壁面中最好的典型。

[第十七窟] 这座石窟里面，两座高大的立像尤其醒目。其中的一尊面容特别，是在其他洞窟所不曾见到的（参见第八十六幅图片），表情相当男性化。此外还看到了一尊相当小，但是面容颇具印度风格的佛像。

[第十八窟] 一尊巨大的倚像独领石窟西壁壁面（参见第五幅及第八十七幅图片）。佛像双腿左右的空间里以及左侧弯曲着成为前壁的部位，刻着好几座美妙的浮雕（参见第十三幅图片）。

第二十六幅插图　西方第十五窟的佛像（由本书作者临摹）

其中之一正如第二十九幅插图所示，是一个手捧火炉的人物；此外，另外一个是几个人的群像中的一部分（参见第三十幅图片）。每座雕像都饱含肖像韵味，尤令近代人赏心悦目。

今天下午画了这些人物像的写生画。

[第十九窟] 这是容纳了那尊著名的大佛（参见第一幅至第三幅图片）的石窟，可以说是一座大佛龛。石窟前面约占两三米，盘腿而坐的大佛的膝盖占了大半部分。另外，大佛的后面挖掘了一条弧形地下通道（参见第八十八幅、第八十九幅图片）。

这尊大佛曾屡次引起争议，此外，关于其雕刻技术以及其起源传统等，都应该展开激烈的讨论，但我并没有被它特别打动（参见第九十幅、第九十一幅图片）。刻在大佛光背上的小佛像中，常有相当出色的精美之作，这些雕像与雕刻的韵致颇相仿佛（参见第九十二幅图片）。云冈石窟中最古旧的洞窟，我想，大概是与这第二十窟相邻的四五

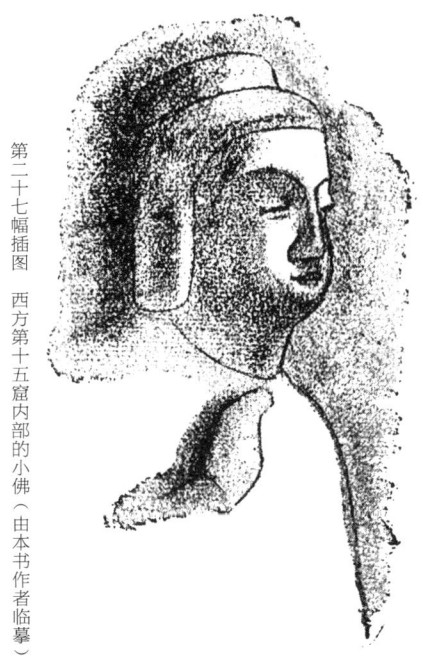

第二十七幅插图　西方第十五窟内部的小佛（由本书作者临摹）

座大石窟吧。

[第二十窟] 这是一座比较小的石窟，上下两层分别刻着比较大的佛龛，上面刻着三尊佛像，四周以数量繁多的小佛龛加以装饰（参见第八十八幅图片左端以及第九十三幅图片）。

从这座石窟以西，除了一座建有一根塔形柱的较大的洞窟以外，都是一些小洞窟。沙畹把这些小洞窟标上了从A至H的编号，当然，实际的洞窟数量要多于此（参见第九十幅至第一〇五幅图片）。

规模很小，亦经历后世的重修，任凭风吹雨打自然荒废着，然而在这里却有许多令人喜爱的作品。我们曾经抱守着的六朝佛像的概念，在这里依旧无须一丝订正就完全行得通。

A、B、C……以西的洞窟，目前尚未考虑它的地位。

今天下午，我们在第十七窟和第十八窟里，为那些比较容易着手的佛像制作了拓本，然后，又给第十八窟里的群像画了两三张写生画（参见第三十一幅插图）。无论如何，制作拓本都是最难的一项作业，一阵风就会把纸吹跑；而且岩面粗糙，纸很易被磨破。

一位身着西装的中国绅士携着夫人和众多随从来到附近，在我们正进行作业的洞窟前开枪放炮，人群汇集起来，狗也叫着，乌鸦和鸽子等惊叫着四散而去。

小白今天前往大同，傍晚回来了。

晚上，我们正在房间里工作，寺庙的和尚来了，为我们带来了数日前约好的第七窟里云冈唯一的碑铭拓本。他给我们看了一张写着下述文字的纸片，大肆吹嘘自己的好意。

二位先生台鉴，所言碑文一节非常第一注意[18]，现在镇守使派人保存，

第二十八幅插图　西方第十七窟东壁的拓本（由本书作者拓制）

18　译者注：此处为原文。

第二十九幅插图　第十八窟前壁面上的浮雕人物拓本（由本书作者拓制）

第三十幅插图　第十八窟群像中的一部（由本书作者临摹）

一概不准随便送人。因阁下贵国来此路远、惟爱古迹，吾将此纸敬送一张可以免言，如本国人知晓，与名誉上最不欢喜。

就是这样一段文章，行文粗拙但意思却很易懂。过分地虚张声势，显然这是假的。

再看拓本（参见第三十二幅插图），碑面磨损很严重，我们没能全部读出来。

（追记：根据常盘、关野二位先生所记，将其再次抄录如下。）

邑师法宗……

太和七年．岁在癸亥．八月卅日．邑义
信士女等五十四人．自惟往因不积．生在
末代甘寝冥境．靡由自觉．微善所钟．遭
值圣主．道教天下．绍隆三宝．慈被
十万．

泽流无外．乃使茂夜改冥．久寝斯悟．弟

第三十一幅插图　第十八窟西壁下面的雕像（由本书作者临摹）

171 | 云冈日录（下）

子等得蒙法润．信心开敷．意欲仰训洪
泽．莫能从遂．是以共助劝合．为国兴
福．敬造石庙形象九十五区及诸菩萨
愿以此福．上为
皇帝陛下．太皇太后．皇子．德合乾巛
威逾转轮．神被四天．国祚永康．十万归
伏．光扬三宝．亿劫不坠．又愿义和诸人
命过诸师．七世父母．内外亲族．神栖高境．
安养光接託育宝花．永辞秽质证
悟无生．位超群首．若生人天．百味天衣．

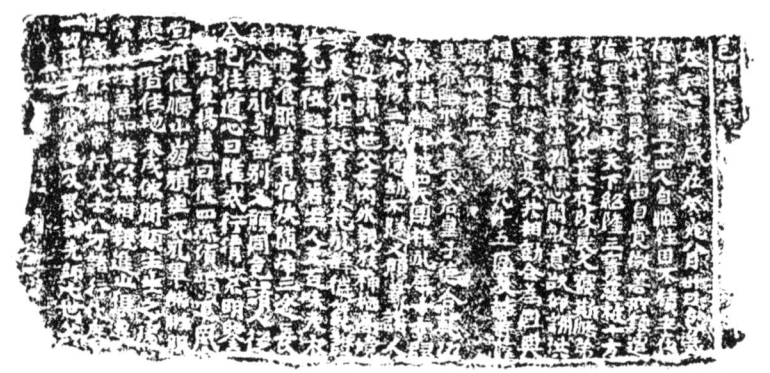

第三十二幅插图　第七窟东壁碑文拓本

第三十三幅插图　第七窟内部拓本（由本书作者拓制）

随意飡服．若有宿殃．坠洛三途．长
辞八难．永与告别．又愿同邑诸人．从
今以往．道心日隆．戒行清洁．明鉴
实相晕．扬慧日．使四流湏竭．道风
常扇．使慢山崩颓．生死永毕．佛性明
显．登阶住地未成佛间．愿生生之处．
常□法善知识．以法相亲．进止俱游．
形容影响．常行大士．八万诸行．化度
一切．同等正觉．逮及累劫．先师七世父[19]

（追记：日后，在第七窟里到底还是发现了如第三十三幅插图所示的雕刻。）

九月十九日　　云冈

今天晴天，比较温暖。

今天又进入了第二窟，画了中央佛柱前面的大佛前的那群和人的身高相仿的菩萨像中二三座的写生画（请参看九月十二日的日记）。木村君揭开了菩萨像的假面后，美丽的处子般的幻影就完整地显现出来了。从脚下开始测量，到头上的横线位置，高约一米八。

在这群菩萨像中，有的雕像举起双手，呈明显的舞蹈姿势站立着。

同样的雕像在柱子的东西两侧以及后面也有，每一尊的残损都很严重，也经历过相当粗拙的修理，因而失去了原来的形状。

尽管是白昼，但由于光照微弱，所以仅仅朦胧可见的位于西侧的两尊人物像构图尤其良好。其中一人虔诚合掌笔直地站立着，后边的也是，一个人把右手举到头上，而左膝微微弯曲。其后，我举着油灯再次仔细观察这些雕像，看到这些雕像的颜面也曾经用厚厚的灰泥涂料修饰过。

小白又把这座洞窟里佛传图上的装饰花纹制成了拓本。

今天来了四个参观的人和一个乞丐。下午四点一直是我们用下午茶点的时间，今天吃了一个西瓜。

薄暮时分，我开始画第四洞里面入口穹隆上的群像的素描，用的是木炭纸。

画完素描后，又开始进行丈量。

夜晚，旧历八月初八的月亮洒下了皎洁的清光，我们与小白和寺僧相伴，沿着静寂的山道散步，在走到丘陵南边尽头时，小白放开嗓子唱起了不知是什么戏曲中的某

19　译者注：此处及以上皆为原文。

个唱段。虽然是一段适合配上"叮叮咣咣"这样的唱词的曲子,但是那唱腔却无限悲愁。也许,今后每当唱起这首歌,我们就会忆起今夜的情景吧。

归途上,我们一边漫步在家家已经闭门上锁的村落的大道上,一边把这首歌反复唱了好几遍。然后,回到寺庙后,那余韵不由得唤起了一股游子之思,于是登上钟楼,在月光下低声吟唱起来。

还有一些时间,所以,再补写一些有关雕像修理的事项吧。

第一,是厚厚地贴上一层纸,然后涂色,再画上眉毛眼睛等。第二,在原型上面厚厚地涂上一层泥,或者以塑膜来修补其中的某一部分。

所涂色彩或者是褐色,或者是金色,花里胡哨的,很难看。特别是描画眼圈儿、点睛时,将眼圈儿拉大了,原来那端庄大方地睁圆的上半个眼睛的眼睑上的情感已经完全被抹消了。而外侧眼角被画高了几分,成了一种尖锐犀利的表情。

此外,洞窟里的雕刻大面积遭到毁损的地方,如第七窟和第八窟,多半都是用绘画来修补了颜面。而那些修补后的图画主体,则变成了道教的人物像;或者,主佛的大佛头像一经修补,那头像则融进了喇嘛教式的佛像的丑陋。

九月二十日 云冈

拍摄了东方的菜园子后面的洞窟后,又画下了石窟附近的示意图,并丈量了东方的大窟。

今天从早晨起天一直阴着,感觉很冷。下午,从大同来了许多游客,其中有的人衣着十分奇怪,仿佛大街上走来走去的活人广告所穿的衣服那样醒目刺眼。

东方的大窟比我们预想的还大,除了雕刻了三座大佛像以外,其余的都没有雕完,就那样一直残存到一千几百年之后的今天。

此外,我还画了东端洞窟里雕刻着龙的图案的穹隆的写生画(参见第三十四幅插图)。

傍晚,天空布满阴霾,看不见太阳,唯有接近山岭的西边的天空闪着微弱的淡黄色光芒,依依昭示着太阳此刻刚刚下山。那一抹微弱的阴影反射到东端洞窟前面的

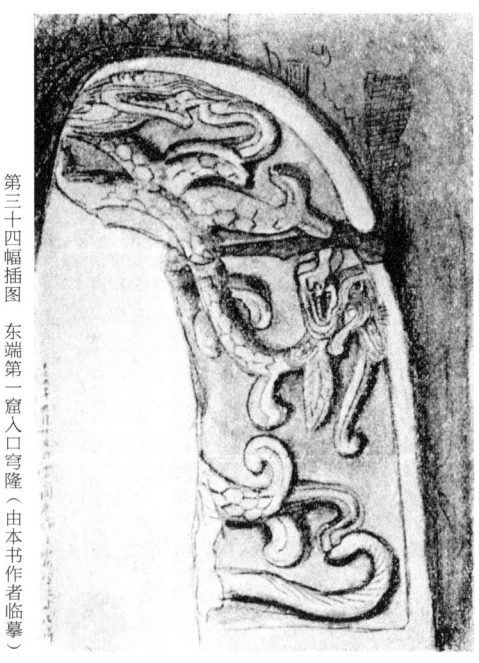

第三十四幅插图 东端第一窟入口穹隆(由本书作者临摹)

浅浅的水洼上，以盘腿而坐的佛像所在的佛龛为前景，而萧萧废都成为远景，真真切切地展开了一片以遗迹故址式的哀愁为主题的情调风景。

这一带的风景皆以明朗的代赭色砂岩层为主色调，无论田园还是房屋、墙壁都是这样的色调，只有些许绿色是表面上的釉，使人感觉整个村落仿佛就是一只大陶器，甚至可以为其命名曰"素陶之村"或者"桂兴釉的田园"。

晚上，我们举着煤油灯来到第五窟以下的几座洞窟，对小白指定了明天应该制作拓本的地方。这时，偶然发现第五窟大佛的后面有一条低矮的隧道，隧道墙壁上有一片令人惊讶的佛像群像。与其说是群像，不如说是群像的痕迹。比人的身高略低几分的几十个人排成了一横排，而在那上层里，一群无比奔放的飞天站成上下两段翩然并排排列着。如果这面石壁的破坏不这么严重的话，或许可以和龙门石窟的宾阳洞里的群像相提并论呢。之所以在如此昏暗的地下道里雕刻出这些人物，或许是因为从前的人们全然不考虑赏玩性效果而孜孜雕琢吧。或者，那些佛像尚未毁损时，借着微弱的灯光仔细观看的话，一定会显现出特别的印象吧。

在昏暗的洞窟的里面，突然有灯光射进来，同时有什么人闯进来的声响，麻雀受了惊吓，慌忙从洞穴里飞出去，我很轻易地就捉到了其中的一只。

与此相同的带着雕刻墙壁的隧道在第六窟和第一窟的大佛的背后也有，印象和第五窟那里的大体相同。

对于北魏工匠们的思想，我们大体能够理解了。日后，即使在我们掌握了中国古代的佛像学知识之后，大概我们也没有误解或者歪曲北魏艺术思想吧。

此外，这些佛像的艺术风格，比那些古典特征通常较强的日本推古天皇时代（544—628）的佛像更使人感到和蔼可亲。这些雕像往往摆脱了佛像的痕迹，浑身浸透着自由的人物肖像的神韵，为我等后世的观赏享乐者带来了无限的喜悦。

佛像相当简洁质朴，但具有浓郁的人情味。

制作了神情若此的雕像的工匠们，在美术造诣方面的北魏人独特的心境与感觉，以朋友一样的亲切和体贴，使我们能够亲近并去理解。

然而，我想，也许下次我重访奈良的时候，能够怀着与过往不同的亲切感一边微笑着，一边观察那些古老的雕刻吧。

今天下午，给故园的亲朋好友们发了信。

我们一日三餐的内容如下：早餐是馒头配两个菜，午餐是三个菜，而晚餐的菜肴常常是四样以上。伙夫笑着说，今天一天我们两个人一共吃了二十五个鸡蛋。菜肴的材料主要是鸡肉、猪肉及其内脏。今天做了糖熘山药，不太好吃。果酱味道也不佳。香烟最近抽的全是前门；我们带来的咖啡喝光了，所以，现在每天都在喝中国产的红茶。只要适应了那些不卫生之处，就不会营养失调。用餐时间分别是早餐八点半、午餐二至三点、晚餐七点左右。

服装是夏季和冬季的内衣各一件,上穿俄式衬衫,然后再穿上一件夏装,外面罩上外套。头上戴的不是帽子而是头盔;脚上穿着袜子、绑着皮制绑腿,仅此装束夜里会感到冷,常常要再加上两条毛毯紧紧裹住身体。

由于被褥短缺,所以,睡眠常常会受到影响,早晨偶尔会感到关节疼。

九月二十一日 云冈

上午画了第一窟后室里面那一尊手捧火炉的菩萨像的写生画,午餐后丈量了第五窟、第六窟、第七窟、第八窟和第九窟。吃了一个西瓜后,又画下了东方西侧第十六窟大佛的面貌,还制作了以第九窟和第十窟之间的峡谷为中心的前面图。

晚餐后,木村君和小白以及伙夫等一起举着煤油灯和蜡烛,又带上爆竹式弹弓去东方大窟里面捕鸽子。仅仅是些微的光亮和声音就使三十多只鸟受到惊吓慌作了一团。然而,那不是鸽子,而是红嘴鸦。

小白投掷的石头打中了其中的一只,那只黑色的怪鸟就像中国鬼神故事中常出现的鸟状妖怪一样啪嗒啪嗒地坠落了下来。今天晚上,把这只怪鸟监禁在了关帝庙的后边。

今天阳光灿烂,很暖和,所以脱下身上的两件衬衫洗了,又用开水擦洗了身子。

晚上,云朵密布,风又吹响了。

讲一下发生在今天下午的一件新鲜的趣事吧。我走在村里的街道上,前面走着一个女人,身穿一件不太整洁的、深蓝色与茶色相间的大方格子上衣和黑色的肥腿儿长裤。她似乎感觉到了后边有人,就回头看了一下——毫不夸张地说(后来木村君也做证),那真是令人惊鸿一瞥的美貌啊!那是一种足以超越任何好恶基准的、引人由衷尊敬的美丽。

这个村子里的男童女童里长相漂亮的人非常多,这一点先前我就注意到了。或许是因为这个村子真的地灵人俊吧。

似乎是意识到了我的惊诧,后来她又两次三番地回头顾盼。虽不是红叶山人[20]那司空见惯的描写手法,我想,她一定也知道自己貌若天仙吧。

从面相上看,云冈的佛像可以分为几种典型:第一类,最显著的是第十九窟里裸露在外的大佛(参见第三幅、第九十幅和第九十一幅图片)。第二类是东方大窟中的三尊雕像(参见第七十二至第七十四幅图片)。这三尊雕像与前者有些相像,但风格迥异。

第三类是西方的石窟,尤其是 A 窟以后所看到的各座菩萨的面相(参见第

---

20 红叶山人:即小说家、俳句诗人尾崎红叶(1867—1903),代表作有《三个妻子》《多情多恨》和《金色夜叉》等。

九十七幅至第一〇二幅等图片）。其中表情最意味深长的，是第七窟前壁的大佛像的容颜（参见第六十三幅图片）。这些佛像中也有几座属于中间型的。

第四类暂且为之命名为唐式，例如第二十六幅插图。

此外，第五类，如第三十一幅插图和第十三幅图片所示，想必是工匠们以特别的肖像韵味雕刻出来的。

其他较为怪异的雕像里，有雕成人像柱的鬼面。整体来看，这是一张面颊丰腴的童颜，但眼睛刻得更大，而且鼻梁上雕着皱纹。此外，貌似土耳其人的蓄着红色络腮胡子的大汉也是特有的一种典型，雕刻在了第二窟中央柱的侧面。还有一尊雕像类似于犍陀罗美术中的婆罗门像。

除此之外，仅有的几尊特殊的雕像有第十七窟中貌似印度人相貌的雕像和第二窟天棚上貌似犍陀罗雕刻中的人物像。

关于衣裳、褶皱等典型，日后得闲时或许会记述下来。还有，关于动物的种类（象、马、牛、孔雀、狗和伽罗荼等），诸佛手执的香炉和三叉，以及手的标志、四肢的姿势、头发的编结方法、佛塔的形状乃至表现在雕刻中的建筑性要素以及花纹等，很想记述下来，但由于相当繁杂，所以，只好省略不记。

而关于呈现于各座石窟中的佛像信息或者艺术思想，今后恐怕也难以详细阐述。

九月二十二日　云冈

从前天起，木村君开始在一整版的瓦特曼（Whatman）纤维滤纸上画第二窟西壁上的大合唱雕像的素描。不管怎么看，这面石壁都相当精彩。

今天我的作业内容是画第一窟后室南壁的佛像颜面、南壁上的白象背上的五重塔、第五窟至第七窟等洞窟内的佛像的衣褶、第七窟前壁的大佛和第十三窟的佛像的写生画。

我们和村民们渐渐熟悉亲密起来，尤其对村里那些体格健美的青年和眉目可爱的小女孩产生了怜爱之心。

阴历十五就要到了，今晚也是一轮明月。

九月二十三日　云冈

薄暮时分的一个小时实在是一段宝贵的时光。我对沙畹编号的E窟、F窟、G窟、H窟等或用步伐或用卷尺进行了丈量，之后，给正在山下的田地里干活的农夫画了写生画。开始时，还有两头毛驴在谷子上面画着圆圈儿走着，用碌子把庄稼碾碎，但此时毛驴已经被放走了，只剩下农夫们在那里收拾着。他们用大扫帚把麦秆谷草扫在一起、打成捆堆积起来，或者用簸箕一下一下地筛着谷子。这样遥远的、无声无息的劳动，给这座宛如一只素陶坛罐一样的村落增添了更深一层的静寂，如同黄昏时分那种令人浑身震颤的心绪，激荡不已。

对面丘陵上方的天空，起初是一片祖母绿色，上面密布着乌黑的层云。渐渐地，浓云匆匆散开，紧接着，大颗大颗的雨点儿有一下儿没一下儿地啪嗒啪嗒敲打在我的画板上。我们急忙收起用具，而山下的农夫看样子也加快了劳动的节奏。

两个骑马的人如同行走在雨果·冯·霍夫曼斯塔尔[21]的叙景诗里一样，匆匆穿过了田间小径。

我们一边躲闪着猛犬，一边走上了大路，在熹微的

第三十五幅插图　西方 A 至 G 的各座佛窟（由本书作者临摹）（续下图）

第三十五幅插图　西方 A 至 G 的各座佛窟（由本书作者临摹）（继上图）

光亮中回到了宿舍，一路上遇到了好几头毛驴。这种动物在这座约有七十家住户的村子里是一种颇具兴盛热闹意味的、宝贵的工具。

雨并没有怎么下，只是天气变化相当急剧。石佛寺前面的大杨树的树枝上聚集了上百只麻雀，十分喧闹。也有几十只红嘴鸦忽然像暴风雨一样拍打着翅膀呼啸而来，紧接着又在低空盘旋着一哄而散。我想象着，在那大杨树的后面，莫非住着《聊斋志异》中那对善良的鱼容、竹青夫妇？

我坐在门前的护围墙上，瞻望了一会儿眼前的风景。而户外的微弱的光线尚能照清楚各种景物形状，于是我又走到第七窟前面，画了那尊推古型的、无比端庄的坐像颜面的写生画。其实昨天上午也试着画过，但光照强烈，明晃晃的，没能画好。

21　雨果·冯·霍夫曼斯塔尔，Hugo von Hofmannsthal（1871年2月1日—1929年7月15日），奥地利诗人、作家、剧作家。

此时微弱的光照下，绘画效果无可比拟，但一旦画在纸上，结果竟然似是而非。至少只有这尊佛像若非实地亲眼一睹，是无法领略其真正的神韵的。

[A窟]（以下参见第二十三幅插图中的平面图以及第三十五幅插图。）两座推古式佛像（参见第九十四幅和第九十七幅图片）。

[B窟] 衣裳呈X状的倚像。也是刻着犍陀罗式衣褶的小佛像（参见第九十四幅图片）。

[C窟] 有一座保存比较完好的、美丽的推古式佛像。

[D窟] 从第二十窟到这座石窟约有四十二步的距离。这里还有壁墙，越过壁墙就来到了下一座石窟（参见第九十八幅和第九十九幅图片）。

[E窟] 这座石窟里面有被我们命名为"被砍杀的与三"[22]的两座佛像。一座身着X状衣裳笔直地站立着，面容是美丽的推古式容颜；另一尊位于其左边，弯着腰合掌而拜。这一尊的面相看起来有几分狡猾（参见第一〇〇幅图片右端）。

[F窟] 这座石窟里面也有一尊小型的"被砍杀的与三"。

[G窟] 这是出现在第一〇五幅图片右侧的石窟。

[H窟] 这是一座入口约为两米、里面方圆为六米的石窟，石窟中央亦立着一根塔形方柱（参见第一〇一幅图片）。石窟东西两壁上雕刻着数量众多的小佛龛，每座佛龛里都坐着一尊佛像（参见第一〇二幅至第一〇四幅图片）。

H窟以西还有许多小佛洞，但早已没有特别醒目的了。

九月二十四日　云冈

今天第一次进了第十三窟（参见第五十一幅至第五十三幅图片）。我们与将此窟借为私用的农家进行交涉，让他们打开了通往后室的门。于是，我们看到了这里出人意料的精彩雕刻。从整体印象来讲，和第四窟的佛籁洞异常相似，使人觉得它们是姊妹洞窟。入口穹隆下面的两面侧壁上，雕刻着飞天和三面四臂怪神几乎与

第三十六幅插图　第十三窟的人物写生（由本书作者临摹）

---

[22] "被砍杀的与三"：与三是日本的一部著名歌舞伎世态剧的男主人公，因为与某个男人之妾私通而被处罚，全身被砍了34刀。剧名为《源氏店》《被砍杀的与三》或《阿富与三》。——译者注

第四窟的统一部分相对称，只是这尊怪神没有骑着牛或鸟等动物。穹隆拱洞的部位，雕刻着珊瑚树枝以及孩童（参见第三十六幅插图）。

后室的前壁上刻着三排佛龛，每座佛龛里都有一座大佛，左右两侧的前壁亦然。

正面墙壁分为两层，上层的佛龛里坐着三尊佛像，左右分别站立着胁侍菩萨；雕刻在下层的两尊佛像已经被严重损毁了。

在这里作为人柱像而被使用的一个儿童雕像完全是裸体形态，身体轮廓和肌肉的肥瘦程度与欧洲中世纪的雕刻作品完全相似。

吃过夜宵后，我抓住寺庙里的一个和尚，跟他学习了一点儿此地的方言。此地方言和北京话的发音相当不一样，特别显著的区别是，没有"n"这个音，比如，把"您"读作"ni（你）"，把"恩"读作"nia（尼亚）"，把"糖"读作"ta（它）"，把"红"读作"hao（豪）"。

九月二十五日 云冈

今天是阴历八月十四。上午修补了第二窟里的那座合唱天使团的写生画，一直干到下午五点，涂上了色彩，终于完成了这件大事。

之后，登上了三楼，把门前的村落以及更远处的农家生活的风景画成了写生画。

晚上，又和寺庙里的和尚交谈了一会儿。他在这里已经住了二十多年了，清晰记得我国的伊东先生、冢本先生以及沙畹等前辈前来考察的事。

九月二十六日 大同

昨夜寒气尤其猛烈，我们穿得单薄，毛毯又脏，这越发坚定了我们离开此地的决心。

拿着照相机在西方的每一座石窟前一边转悠一边拍照，至于拍得成功与否根本没有把握。

下午，下雨了。我们雇了马车，两点半到达了大同，我们再次成了东华客栈的旅客。在雨中我们撑着伞参观了大同府。大同府位于街道尤其纷繁交错的武定街（北）、永泰街（南）、清远街（西）与和阳街（东）相交之处。和阳街道路一侧的观音堂对面，有一面巨大的影壁，是一幅用大块陶版拼合而成的巨龙图案。影壁的制陶技术实在令人惊叹。

我感到自己一定过于絮叨了，所以，就此暂且结束对云冈的记录吧。

云冈佛龛的名称

云冈的石窟每座都有名称，却不知是何时命名的。同时，沙畹和关野先生又为这些石窟做了编号。二位先生统计石窟的起点不同，所以，标号也不一致。因此，在这里我们把那三种命名方法对照一下。（追记：本书再版之际，根据关野博士和常盘博士合著的《中国佛教史迹第二卷解说》而修改了原稿，尤其是《备考》部分主要是抄录了这部解说。）

划分	关野、常盘二位博士	沙畹	寺庙名称	备　考
第一区东方各座石窟	第一窟（东塔洞）	东方窟（沙畹只把这些石窟称作东方的各座石窟，但在本书里，为了方便起见，且将此窟称为"东方第一窟"，以下亦然）	石鼓洞	位于云冈石窟最东端，面向西南方。平面图前面为二十尺九寸，后面二十八尺四寸八分，左（东）边侧面三十尺八寸，右（西）边侧面二十九尺七寸。洞窟里面中央立着多层佛塔。石窟后壁上刻着三座大佛龛，左右两面墙壁亦有多座佛龛。侧墙部位雕刻着佛传图浮雕，而今大多已经损坏。
	第二窟（西塔洞）	东方窟（东方第一洞）	寒泉洞	是与第一窟西侧相邻的石窟，面南。其平面图略呈长方形，前面二十四尺，后面二十六尺七寸，左（东）边侧面三十五尺，右（西）边侧面三十二尺二寸。洞窟里面中央有一座三层的佛塔一样的物体，直抵天棚。四周墙壁上刻着佛龛，这一点与前一座石窟相同。

续表

划分	关野、常盘二位博士	沙畹	寺庙名称	备 考
第一区东方各座石窟	第三窟（隋朝大佛洞）	东方大窟（东方第三窟）	灵严寺洞	位置接近第一区的西端，石窟由正殿和副殿构成，正殿宽度东西径约为一百三十尺，天棚高度现在约为四十尺（似乎至少被埋没了五六尺），副殿宽度东西径达到约一百五十五尺，天棚高度现在约为十五尺（被埋没了三四尺），规模相当壮观，是从前院凿开了高达一百多尺的断崖而成的，左右开了两处入口，当初似乎打算在里面造两座大佛像，但只有西侧的大佛完成了，东侧未及着手就中止了。西侧刻出的三尊大佛中，主佛呈倚像，现今高度从脚背上测量大约有三十尺，右手五指前伸、手掌向外做无畏印手势，左手张开横放在膝上。两侧的胁侍菩萨分别高约二十尺。关野、常盘二位博士对此做了如下推测："这几尊佛像恐怕是隋朝的作品，如既往的记录所讲，隋炀帝为其父文帝造此三尊佛像。而在东侧也计划为其母后再造同样的三尊。然而，由于意外变故炀帝被弑，国家亦旋即灭亡，故而造佛工程亦遭中止厄运。"（这与我们所制的第五十三幅平面图有少许不同。）
	第四窟	东方窟（东方第四窟）	寒泉洞	这是位于前一座石窟西侧的小石窟，其宽度东西径约二十五尺，南北径约十六尺，中央有一面长方形壁体，前后两面分别刻着佛龛。四面墙壁上也刻着大大小小的佛龛以及千体佛像，但如今损毁相当严重。 此外，这座石窟西侧还有一座小型石窟（宽约十尺），二者大体毁损殆尽。

续表

划分	关野、常盘二位博士	沙畹	寺庙名称	备 考
第二区中央各座石窟	第五窟（大佛洞）	№ 1	阿弥陀佛洞	这是位于石佛寺境内东端的大石窟，前面有五间四层楼架在断崖上。石窟平面稍呈椭圆形，其宽度东西径约为七十二尺四寸，南北径约为五十八尺四寸，足以想见何等宏壮。中央雕刻着一尊主殿释迦如来坐像，高约五十五尺，双膝径约五十一尺八寸，脚趾长十五尺三寸，手的中指长约七尺九寸五分。大概是云冈石佛中最大的一座佛像，在目前整个中国的石佛中亦无与之比肩者。此外，两侧的胁侍菩萨立像分别高约十八尺（至少其下部被埋没了约五尺多）。石窟壁面大体分为七层，并排刻着数量众多的佛龛。
	第六窟（大佛洞）	№ 2	释迦佛洞	这是位于前一座石窟西侧的石窟，前面亦架起了一座四层楼。石窟宽度东西径约四十六尺一寸，南北径约四十六尺八寸，而后壁上雕刻着深十三尺二寸的大佛龛。石窟中央有一座东西二十六尺一寸、二十三尺九寸的大方柱，方柱四面刻着诸多佛龛和佛像。在石窟周围石壁上雕刻佛龛这一点与其他石窟相同。
	第七窟（西来第一山洞）	№ 3	准提阁菩萨洞	这是位于前面四层楼西侧的石窟，在石窟前面凿开断崖建了一座三层楼阁，楼阁第一层上悬挂着"西来第一山"的匾额。石窟呈平面长方形，东西径约三十二尺，南北径约十八尺，天棚高约三十尺。在石窟周围石壁上雕刻佛龛这一点与其他石窟相同。

续表

划分	关野、常盘二位博士	沙畹	寺庙名称	备 考
第二区中央各座石窟	第八窟	№ 4	佛籁洞	这座石窟紧邻前一座石窟的西端，几乎出于同一大同设计模式。石窟东西径为三十尺六寸，南北径为十九尺六寸，有痕迹显示曾开凿过前面的断崖建造过前面的石窟里提到的楼阁。南面打开了一面巨大的拱门，拱门内侧下方刻着金刚力士像，而上方，东面刻着湿婆天像，西面刻着毗纽天像。所有雕像姿态自如，颇具表现美感。
	第九窟（释迦洞）	№ 5	阿閦佛洞	这是位于前一座石窟西侧的石窟，其平面以及设计与下一座石窟相似。石窟由前室和正殿构成，正殿东西径三十六尺二寸五分，南北径三十四尺一寸，释迦如来的倚像被安置在中央。如来像高约二十八尺，似乎经过了后世的修补，所以，已经无法看到当初的面目了。前室大小是东西径宽三十六尺九寸、南北径十三尺三寸，前面分成了三间，立着两根八角柱；通往正殿的入口上方开着窗户。四壁雕刻中，值得细看的佛像的确不少。
	第十窟（持钵佛洞）	№ 6	毗卢佛洞	这是和前者设计大体相同的石窟，也是由前室和正殿构成，正殿东西径三十七尺二寸，南北径三十四尺八寸，中央方座上安置着手捧铁钵的释迦像。释迦像完全是经过了后世修补的面貌。前室大小是东西径三十七尺一寸，南北径十四尺二寸，设计与前者不相上下。

划分	关野、常盘二位博士	沙畹	寺庙名称	备　考
第二区中央各座石窟	第十一窟（四面佛洞）	№ 7	接引佛洞	这是位于前者西侧的一座石窟，其平面稍呈长方形，大小是南面径约为二十九尺九寸，北面径约为三十六尺五寸，前后长度约三十三尺六寸。中央立着一根东西径二十尺八寸、南北径十九尺一寸的大方柱，直抵天棚。其四面都雕刻着分别高约十尺左右的立佛像和胁侍菩萨，都经过了后世的修补。东壁上方刻着"太和七年造像"的字样。
	第十二窟（倚像洞）	№ 8	离垢地菩萨洞	这是位于前一座石窟西侧的石窟，其平面与沙畹所标注的第五窟及第六窟（关野、常盘二位博士标注的第九窟和第十窟）相似，由前室和正殿构成。前殿东西径为二十一尺二寸五分，南北径为十五尺九寸，主佛是一座位于高约十尺的祭坛上的倚像，左右有四尊菩萨，都经历了近世的修补。前室东西二十六尺三寸五分，南北十四尺二寸五分。前面由两根奇异的柱子隔成了三间，上方有一扇窗户。入口左右各有一座佛龛，上方的窗户左右亦各有一座佛龛。
	第十三窟（弥勒洞）	№ 9	文殊菩萨洞	这座石窟西邻前者，其大小是东西径三十四尺三寸，南北径二十七尺三寸。石窟内有一尊大弥勒佛像，高约五十尺，倚在方椅上，双腿交叉，头上宝冠直顶天棚。作为一部无比伟大的作品，这尊佛像简直无可挑剔。只是后世修补的地方较多，这一点实在可惜。南壁中段雕刻着七尊一丈高的立佛，表示"过去七佛"。

续表

划分	关野、常盘二位博士	沙畹	寺庙名称	备考
第三区西方各座石窟	第十四窟（千佛柱洞）	№ 10		本座石窟位于第三区东端，由正殿及前室两个部分构成。但如今损毁非常严重。正殿宽约为二十尺，深约十尺，如今左右可以看到硕果仅存的佛龛。一根方柱的四面刻着千体佛，方柱用以间隔内外，但损毁相当严重，仅仅是立在那里而已。
	第十五窟（千佛洞）	№ 11	导佛洞	西邻于前者，其平面呈方形，纵横约十八尺，入口设在南面，上方有一扇窗户。洞窟外壁损毁相当严重，但千体佛的余影仍然依稀可辨。
		№ 12		这是位于前一座石窟和后一座石窟之间的小石窟，其至亦可称之为一座大佛龛，四壁佛龛中值得观赏之处委实不少。
	第十六窟（立佛洞）	№ 13	接引佛洞	这座石窟西邻前者，正面设有入口，上方有一扇窗户。石窟平面呈椭圆形，东西径为三十九尺五寸，南北径为二十八尺二寸，紧接着后壁雕刻着一尊立佛，佛像高约四十尺。佛像立在莲花座上，除了胸部以上部位保存尚好，其余损毁相当严重。
	第十七窟（弥勒三尊洞）	№ 14	普贤菩萨洞	这座石窟正面有一扇窗户这一点与前者相同，其平面呈略带棱角的椭圆形，东西径为三十六尺，南北径为二十六尺一寸。主佛弥勒菩萨的倚像是倚在方座上，菩萨的宝冠很高，直顶天棚。菩萨像高约四十五尺，极其壮丽。其侧壁各雕着一座佛龛，里面容有胁侍菩萨。除此之外，在四周壁面上以及入口处侧面也雕刻着一些大小佛龛，上方刻着千佛像，蔓延到了天棚上。

划分	关野、常盘二位博士	沙畹	寺庙名称	备考
第三区西方各座石窟	第十八窟（立三佛洞）	№ 15	普贤菩萨洞	这座石窟正面有一扇窗户这一点与前者相同，石窟平面呈椭圆形，东西径为五十四尺五寸，南北径为二十三尺一寸。中央雕刻着立在莲花座上的主佛，高约四十五尺（足蹠部分长约十一尺，宽四尺七寸），立在左右的胁侍菩萨分别雕于两侧壁上，身体稍微前倾。两座胁侍菩萨分别高约二十五尺，亦立在莲花座上。此外，在主佛与胁侍菩萨之间，分别有一座胁侍菩萨立像，高约二十三尺，同样立在莲花座上。由此可见规模之宏壮。四周墙壁各处都刻着佛龛，几乎不留任何空隙地雕刻着千体佛。天棚呈穹隆状，亦刻满了佛像、菩萨和千体佛。石窟内上方窗户东侧下部刻着"太和十三年"字样的铭文。
	第十九窟（"大佛三洞"中的"中洞"）	№ 16	宝生佛洞	这是并排三座洞窟中的中洞，东窟中央安置着主佛。其平面稍呈椭圆形，唯独南壁呈直线。东西径为六十二尺四寸，南北径为三十五尺八寸。洞内有一尊巨大的佛坐像，高约四十五尺。正面入口上方打穿了一扇巨大的窗户，窗户左右两边角落分别雕刻着一尊菩萨立像（高约十二尺），外窟内整个壁面雕刻着千佛像。
	第十九窟（左洞）	№ 17	阿閦佛洞	这是前面曾记述过的一座连接着东方的小石窟，其平面稍呈椭圆形，东西径为二十四尺九寸，南北径为十四尺五寸五分，天棚高约二十八尺。主佛是一座高约二十五尺的倚像，左右石壁上雕刻着胁侍菩萨的立像，分别高十五尺。四壁和背光之外，雕刻着千体佛像。此外，入口侧面雕刻着众多的小佛龛和小佛像。

续表

划分	关野、常盘二位博士	沙畹	寺庙名称	备考
第三区西方各座石窟	第十九窟（右洞）	№ 18	阿閦佛洞	右洞位于中洞西侧，和左洞呈相同构造，只是洞窟西南角已经塌毁。洞窟东西径约为二十四尺七寸，南北径约十七尺一寸，平面稍呈椭圆形。 主佛是一座高约二十三尺的倚像，背光图案是，熊熊火焰之中雕刻着众多的天人供奉图。主佛左右雕刻着胁侍菩萨像，但如今右侧的已经被毁掉了。四壁处处雕刻着小佛龛，不留缝隙地刻满千体佛像这一点与其他洞窟相同。
	第二十窟（大露佛）	№ 19	白耶佛洞	这就是所说的"大露佛"，是最广为人知的一座大佛。由于石壁前面已经崩溃，如今几乎只剩下了大露佛的形状。中央安置着释迦的坐像，左右是胁侍菩萨的立像，然而右侧的已经完全消失，只剩下了左侧的一尊。主佛膝盖以下的部位被埋没了。主佛高度自膝盖测量，到顶部约为三十三尺，全身高度至少不下约四十五尺。左侧的胁侍菩萨膝盖以下被埋没了，膝盖以上高约二十尺。
		№ 20		这是邻接大露佛西侧的一座小石窟，上下两层较大的佛龛里，分别刻着三尊佛像；在石窟四壁上雕刻着小佛龛和千佛像这一点与其他石窟相同。

续表

划分	关野、常盘二位博士	沙畹	寺庙名称	备考
第四区西方各座石窟		A窟		
		B窟		在第三区西方各座石窟以西，有从A窟至H窟等各座石窟。各石窟之间又有小洞窟以及小佛龛，或者在空隙处又刻着千佛像，如此种种，不胜枚举，其数量不知有几百。这些石窟与上述各座石窟相比，规模相当小，但很少经过后世的重修，只是任其自然荒废，为此，严重损毁的的确很多。为此，透过这些石窟很难窥见当初的形态，但刻在这些石窟里的各座佛像中，充分发挥了六朝佛特点的作品很多，足以满足人的鉴赏欲。此外，H窟以西还有一些小洞小窟，但在此不赘述。
		C窟		
		D窟		
		E窟		
		F窟		
		G窟		
	第二十一窟（塔洞）	H窟	西塔千佛洞	洞窟内部建有一座五重塔。石窟平面呈方形，东西径为二十尺八寸五分，南北径为二十尺三寸五分，中央是一座第一层周长六尺六寸的五层塔形，塔立在祭坛上，但祭坛如今已经损毁殆尽。用方柱、三斗以及人字拱固定住一根圆柱形檐椽（角扇椽），以此支撑住模仿着瓦葺的房顶雕刻出来的房盖。由此可以猜测到当时木结构建筑之一斑。

大同美术中的犍陀罗要素

原本是想把本书命名为《大同佛教美术的渊源》的，然而目下却并不具备能够如此广泛地展开讨论的充足材料。实际上，这部书稿今明两天必须写完，而对于分别发表在《国华》《建筑杂志》和《东洋学艺杂志》上的伊东、关野和松本等诸位博士的各项研究论文我也无暇阅览。我知道这里所做的评论相当粗糙草率，日后定会加以订正，目前暂且作为一份笔记写下。

最初，伊东忠太博士似乎认为大同美术大概是属于犍陀罗美术系统，换言之，是属于希腊印度系统的艺术作品，并把日本的推古时代和奈良时代的艺术品看作是其支流。我们长期以来也一直相信了这一说法。在《中国佛教遗物》中，松本文三郎博士认为，大同的雕刻中完全没有典型的犍陀罗美术作品，而全部来源于印度笈多王朝。松本博士这一论点在立论的基础上，有几个薄弱的地方。

非常遗憾，对于中印度系统的佛教美术我没有任何知识。迄今为止，论述印度美术的西洋学者的著作，主要是阐述犍陀罗美术的，而有关中印度美术的著作中，插图丰富、论述准确的书籍很少。

我也于去年前往大同，发现了许多对松本博士的观点难以苟同的地方。在《中国佛教遗物》中的《大同的佛像》一章里，松本博士的论点概括起来大体如下：

一、沙畹称之为第六窟的石窟，是为数众多的大同佛龛中的一座主要石窟。

"灵严第六龛的雕像，至少其下方石壁上的各座佛像（松本博士称之为'第一种造像'的佛像）或许是出自印度雕刻艺术家之手，或许是在其指导下由中国最熟练的工匠雕刻出来的。由此，我认为，从石窟的地位来看，这些雕像可能不是大同最早的作品，或者是为了避开那座山的山腰中央部位，由当时最优秀的雕刻艺术家在此创作了堪称楷模的这些作品吧。"并且，那些立像与笈多王朝的佛像极其相似（参见第五十八幅图片）。

二、沙畹称之为第十九窟的大露佛（松本博士称之为"第二种造像"的佛像）是学习了前者的雕刻方法但技巧却不及之。"并没有通过所谓的'第一种造像'和'第二种造像'的努力而发展，从这一现象我们愈发可以得知，学习北魏造像的第二种方法却没有达到其水准，只不过是在形式上得以传承而已。因此，我们不得不断言，第二种造像完全是模仿第一种造像的技法，并且没能达到第一种造像的高度。"

三、在大同一般见到的松本博士称之为"第三种造像"的佛像是直接在模仿了第二种造像的基础上再加一些装饰而雕成的，已经多少流于形式了。也就是后来据说在龙门或巩县一带兴盛起来的那种佛像。

如上所述，松本博士的观点是，"第一种造像"（第六窟）是比较具有独创性的作品，而"第二种造像"和"第三种造像"则逐渐演变成了后继性的作品。

第六窟前院下方佛龛里面的雕像（参见第五十八幅图片）在整个云冈都显得有些特殊。第一是雕像面相迥异，衣服也和其他佛像不同，尤其是有些雕像肚脐下面的鼓胀以及双腿的轮廓皆明晰可见。这也是其他洞窟中的佛像上所没有的，与笈多王朝时的雕像有些相似。

然而，这些雕像很明显都经历了后世的重修，至少面部被一层厚厚的假面所覆盖，同时，衣服褶皱里也有深深的裂痕，所以，很难判断出哪些是修理过的、哪些是原物。正因为如此，仅仅凭借现在所看到的雕像外形来展开论述未免有些牵强。此外，仅从技术角度来判断的话，这不能算是佳作。

其他雕像中，与此相似，特别近似于笈多王朝时的雕像的仅有几尊，其他仍然都是被中国化的佛像，与第一窟、第二窟或者西方各座石窟没有显著的差异。

这第六窟的佛像并非松本文三郎博士所说的那样是具有独创性的作品，从某些特征上来看，毋宁说是稍晚几年的作品。

本来，这第六窟与东西比邻而建的第五窟、第七窟等几座石窟无论在形式上还是在雕刻技巧上都极其相似。因此可以断定这是由同一群工匠在同一个时期雕出的雕像，这个判断，我想恐怕不会有太大出入。

尽管如此，最近从第七窟里发现了标注着"太和七年岁在癸亥八月卅日"日期的碑铭。"太和七年"也就是距洛阳迁都仅仅十年前。云冈造佛的开工年号记为太安元年（445），即便如此，那也是在距此三十年后才雕成的。由此可见，第六窟附近的石窟在年代方面来看也不是初期的作品。

同时，对于松本博士所说的这些石窟是由皇宫国库出资建造的这一说法我也怀有疑问。这也是根据如上所述的推论上的理由而判断的，由于第七窟并非如此，进而类推的。

第七窟的碑铭上有这样的词句："邑义信士女等五十四人……共相劝告、为国兴福敬造石庙形像九十五区及诸菩萨云云。"由此可以证明这是村里的善男信女共同商议而造的。把此事直接照搬到第六窟或许勉强，但第五窟、第六窟、第七窟和第八窟等几座石窟既然彼此酷似，那么，只能如此类推了。

而从造像技术以及图像布局等方面来看，第六窟附近的几座石窟质量也较差，而且规模亦小，而第一窟、第二窟或者第十四窟、第十五窟、第十六窟和第十九窟等几座石窟规模要大得多，而且质量优良。因此，不能认为第六窟或者其附近的几座石窟是具有独创性的作品。

我认为，在构图思想以及造像技巧等方面，第一窟、第二窟相当出类拔萃，但无法判断是否是初期的作品。

因此，根据《魏书·释老志》中"昙曜白帝，于京城西武州塞凿山石壁，开窟五所，镌建佛像各一。高者七十尺、次六十尺，雕饰奇伟，冠于一世"进行判断的话，毋宁说把沙畹所命名的第十三窟、第十四窟、第十五窟、第十六窟和第十九窟等几座石窟看作碑铭所记的石窟更为妥当。无论哪一尊佛像规模都很大，而且作为主佛的那尊大佛像上明显最受重视，而其他的佛像也实在规模巨大。

如果可以这样假设的话，松本博士所说的属于"第二种造像"的那些佛像反而成了具有独创性的作品。并且，我认为这样判断才更妥当。

我甚至还想不如把松本博士所说的属于"第一种造像"的雕像完全清除，只留下"第二种造像"和"第三种造像"这两种类型；或者按照分类法再分出几种类型。只是在这几种类型中，很难区分出时间前后以及是创始型的还是继承型的。

将第一种造像的各座佛像直接与印度的佛像做比较很难，所以，仅仅从外形的些许相似就把"一"认作是笈多王朝直系的作品而其他都进行中国化，这也行不通吧。

那么，如果把松本博士所说的属于"第二种造像"是云冈造佛中最主要的作品这一说法作为前提，就出现了这种典型为何而产生的问题。这种解释在现代做起来相当困难，所以，并非没有加入推测的成分。

大村西崖先生认为，这类雕像既非印度风格的作品，亦非中国风格的创作。尽管如此，在中亚风格的雕像中亦找不到同一类型的作品，因而可以断定是拓跋氏族心目中理想的伟丈夫的仪容。这种推论虽然有趣，但实际上究竟是否是有意识这样雕刻的，仍是疑问。

的确，那是相当中国化（不是"汉化"之意）的作品。然而，真的是与印度风格完全不同的雕像吗？就此，我最近倒是有一些想法，不过在此暂不表述。

恰如迄今所记述的那样，断定大同造像是由印度笈多王朝直系的作品转化而来的观点，我认为仅凭引用在《中国佛教遗物》里这一基础来断定的话说服力还相当薄弱。

对笈多王朝的美术毫无知识的我在云冈小住期间，因为发现同一处的雕刻作品里常常有与犍陀罗美术酷似的雕像，因此就认为云冈雕刻是起源于犍陀罗美术、并被大幅度中国化了的作品。而且，我还是倾向于犍陀罗美术源流之说。

我曾去工学系建筑专业[23]拜访过关野博士，请他让我看他在印度拍摄的照片。

其中，中印度系统的佛像雕像，尤其是四、五、六、七世纪左右的笈多王朝的佛像雕像的照片占了大多数。阅览了那些照片并且聆听了关野博士的说明之后，我开始对笈多王朝雕刻作品的情趣有了一点儿理解。

迄今为止，随着我头脑里混沌不清的印度佛像的不同形态渐渐清晰起来，我又开始不得不放弃大同佛像属于犍陀罗美术系统这一观点了。并且，我认为，大多数大同

23　工学系建筑专业：即东京大学的工学系建筑专业。

佛像还是接近于笈多王朝的美术作品。

在面对松本博士的观点时，由于比较论的根据很少，并且那个过程中不乏勉强的成分，所以，我一直是半信半疑的。通过阅览许多笈多王朝雕刻作品的照片，反而较容易去思考它与大同造像之间的相似之处了。

然而，尽管如此，在大同佛像的要素中，比起笈多王朝美术来，犍陀罗美术的要素要多得多——对这种看法，我仍然不能放弃。

那么，我打算对此稍做一下记述。

只不过在这种情况下，这样说也是由于从前在笈多王朝存在的。如果说现在它们已经消失了的话，那么，这个话题也就无法继续下去了，而且也无法进行讨论。比如说，与大同佛像相同的模式其源流如何追溯到印度？得出的结论是，从前在中亚曾经有过，而现在消失了——如果被如此宣布的话，那么，也只能说"也许是"吧。

正因为如此，我们只能与现在保存下来的作品进行比较。

我现在并非是想主张大同佛像的渊源始于犍陀罗美术，只是在构图以及思想等方面一直在与接近犍陀罗美术的作品进行着比较。由此，可以做出如下厚薄不同的两种区别：（一）即使不能说完全与犍陀罗美术作品相同，那么也与犍陀罗美术作品相当接近；（二）在犍陀罗美术作品中十分常见，但其起源却反而应该说是印度式的，或许也存在于中印度的作品中。

*** ***

大村先生认为，由于大同的北魏雕刻既不是印度风格的也不是中国风格的作品，因此，其优秀的雕刻技术应该归功于原本就具有美术禀赋的一个民族——拓跋族的独创。

而松本博士则反对这种说法。他引用《大同府志》，宣称大同的佛像绝非野蛮的北魏人所能雕造。（追记：在校正再版书稿时，我赞成大村先生的观点。）

究竟是汉人造的，还是北魏人造的，这一点我们不得而知。然而，从广义上讲，仅仅是断定那些佛像是已经被中国化了的作品我们也应该感到满足。

然而，蓝本问题则是另一个问题。印度或者西域各国的佛像、绘画等蓝本接踵涌入平城（大同），多数工匠（其中恐怕也夹杂着外国人吧）依照这些蓝本开始造像——这样推断我想大概不错吧。

"大安初有师子国（Ceylon），见佛影迹及肉髻，外国诸王相承咸遣工匠，摹写其容，莫能及，难提所造者，去十余步，视之炳然，转近转微。又沙勒（Kashgar）胡沙门赴京师，致佛钵及画像迹"等词句出现在《魏书·释老志》中的"昙曜白帝云云"稍前的地方，由此可以明确证实印度南北的佛像或者那里的工匠曾来到北魏。

我没有查到当时中亚的喀什噶尔地区是属于犍陀罗美术系统还是属于笈多王朝美

术体系，但无论如何，通过这份记录也不难想像印度或者中亚的佛像、图画和工匠等曾经到达北魏的史实。

然而，由于为数众多的工匠中，肯定多数还是中国人（姑且不问有无拓跋族和汉族的区别），所以，那些印度式原始的佛像典型被中国化这一现象也非常自然。我想，对这些史实通过云冈的实物似乎也可以得到证明。

比如，可以确认沙畹所命名的第三窟、第四窟里，尤其是位于后者的入口处的多头多臂佛像（参见第十六幅、第十七幅图片）中，印度（特别是笈多王朝）雕刻的典型仍未被中国化而完好地保存着。不仅仅是其形态或面相，就是在雕像圆润的肌肉丰满程度方面，那种感觉也非常显著（关于这座佛像，我曾在前面所写的《云冈日录》中进行了详细记述）。

而第九十二幅图片是附在第十九窟大佛的光背上的一座佛像（那里，这类佛像很多），其丰满的肉体以及可以透视到肌肤的薄得近乎透明的衣服等特征，即使中国化成分很多，如果没有中印度佛像作为原型，也是很难创造出来的。

还有，第二十八幅图片是位于第十五窟内部的小佛像，其面相与其他石窟里的佛像大不相同：圆脸，眼睑缓缓弯曲着，反倒与后世的唐朝时盛行的面相十分相似。最初看到这尊雕像时，我感到不可思议，怀疑它是唐代的作品。然而，当关野博士给我看了众多的照片后，我才知道在中印度系统的雕像里，这种面相以及这种肌肉胖瘦特点的雕像非常多。

此外，对于第九十幅、第九十一幅（大露佛）图片中所展现的佛像的面相，大村西崖先生认为既非汉人风格，也不似印度各种雕像，应看作是拓跋族理想中的伟丈夫仪容。而我却认为，即使在那被明显地中国化了的容颜上，依稀保存着能让人联想到中印度佛像的人或物的影迹，尤其是在细微处，比如鼻子、眉毛、嘴唇、脸颊的圆润程度，等等。

在关野博士带回来的马托拉立像和大佛里，我看到了那些特征。

我目下面临的问题，不是要对云冈的雕刻和中印度的雕刻进行比较。实际上，对于中印度美术我所知甚少，所以，问题本身已在我的能力范围之外，因此，必须留待日后探讨。

然而，起初我曾过高评价说北魏工匠具有相当大的独创性，而今或许是出于反作用力吧，我开始倾向于云冈石刻中以印度佛像为蓝本的作品居多这一观点了。

*** ***

接着终于要谈到云冈佛像与犍陀罗雕刻之间的关系了。松本先生认为，在云冈雕刻里几乎不能辨认出有来自犍陀罗系统的影响。我目前也不认为云冈石刻是犍陀罗美术的延伸，毋宁说更相信它属于中印度系统这一说法更为妥当。

然而，在这里面还是发现了相当近似于犍陀罗美术的作品。那么，现在仅在比较二者的相似点这一范围内来记述一下吧。共有三项：

一、第二窟佛传图的构图以及其细节要素。

二、散见于各个石窟里的每座雕像的构图。

下面这一项或许不能断言是犍陀罗风格。或许是属于笈多王朝风格。然而，这个特征却常见于犍陀罗美术作品，在云冈石窟中亦属多见。也就是说主要是第三项：

三、装饰花纹的类似。

下面，就上述三项加以论述。

一、佛传图

在南方的佛教雕刻里，佛传图相对常见，而中印度的雕刻里却似乎罕见。或者，从前有过而后来消失了。尽管如此，佛传图雕刻里这类作品却相当多，构图也与云冈的雕像惊人地相似。

A. 关于悉达多太子逾城出家图已经在《云冈日录》中记述过了，因此，在此不做重复，只把两幅图进行一下对比（比较第四十八幅图片和第三十七幅插图）。

B. 太子竞射图（比较第四十幅图片和第三十八幅插图）。

C. 妇女睡眠图（比较第四十七幅图片和第三十九幅插图）。

D. 云冈的《后宫嬉游图》与通常所说的展现犍陀罗的酒神性思想（比较第四十幅图片和第三十八幅插图）的雕刻都展现了两个人物相拥的场面，但在云冈雕刻里融入了表达了巴克斯[24]思想的作品还是引起了我无比浓厚的兴趣。

与此相关的，我又想到在云冈美术作品雕刻了许多演奏乐曲的奏乐手，那么，中印度的雕像中，那样的构图果真也有那么多吗？或许，这是源于犍陀罗美术中的巴克斯式的主题图案吧。

二、每座雕像的姿势

A. 马的形态　最显著的就是第二窟里看到的马和收藏于拉合尔博物馆（拉合尔博物馆是巴基斯坦的博物馆——译者注）里面的犍陀罗美术作品中的马很相似（参见第三十三幅图片和第四十一幅插图）。同样的马在加尔各答的博物馆收藏的犍陀罗雕刻中也能看到。在犍陀罗雕刻中，这些马出现在太子与车匿和犍陟分别时的图景里。绝

24　巴克斯 (Bacchus)：希腊神话中的葡萄与葡萄酒之神，也是狂欢与放荡之神。

第三十七幅插图　犍陀罗的逾城出家图

第三十八幅插图　犍陀罗的太子竞射图

第三十九幅插图　犍陀罗的妇女睡眠图

第四十幅插图　犍陀罗的后宫嬉游图

不能说二者形态的相似只是偶然的巧合。

  B. 婆罗门像　在云冈东方的石窟里面有一尊瘦骨嶙峋异常憔悴的人物雕像，起初我无法判断他是正在修行时的释迦摩尼还是弟子伽叶那样的人物。回到日本后，查阅伏舍的著作时发现表现犍陀罗美术中的婆罗门像几乎与那座佛像形态相同。把第四十二幅插图（云冈的雕像）和第四十三幅插图（犍陀罗、伏舍第一百八十九幅图片）一比较，发现实际上相似程度要远远高于想象。

  C. 释迦像　云冈第二窟东西壁上方乐团围住的释迦像那样的雕像的姿势和服装等，

比起笈多王朝的雕刻，远远近似于犍陀罗美术的作品。（请和第一百九十五幅图片做一下比较）。

D. 小佛像的服装　松本博士特别指出是属于笈多王朝型雕刻的第五十八幅图片中，如下方的这尊倚像，根据不同看法，也可以看作是犍陀罗型。此外，第四十四幅插图所展现的雕像与伏舍第二百二十幅图片（参见第四十五幅插图）中被称为《第一次讲经》的那座群像雕刻在服装上同出一辙。还有雕在第十九窟的大露佛的两侧的头盔的衣服褶皱也是犍陀罗美术中常见的典型。

E. 人柱像　人柱像的形式在云冈石窟中被屡次使用。第四十六幅插图和收藏于拉

第四十一幅插图　犍陀罗的马

第四十二幅插图　云冈东方第一窟门口内侧西壁

第四十三幅插图　犍陀罗的婆罗门

第四十四幅插图　云冈东端第二窟东壁细部

第四十五幅插图　犍陀罗的服装

合尔博物馆的名为《降伏迦叶蛇》的群像的一侧的原像，无论是姿态还是服装，都给人以完全相同的印象（参见第四十七幅插图）。

　　D. 守护神的服装　守护神武装里，是与犍陀罗雕刻相似的雕像多少被中国化以后的样子（参见第四十八幅、第四十九幅插图）。

第四十六幅插图　云冈第五窟外庭西壁细部

第四十七幅插图　犍陀罗的人柱像

三、花纹的类似程度

接下来，让我们对花纹方面的类似之处考察一下吧。

A. 忍冬图案　收藏在拉合尔博物馆里的太子结婚图上部的花纹和云冈第四窟东壁上的花纹（参见第五十幅、第五十一幅插图）。

B. 用来填充和补白的莲花瓣　在云冈石窟里，这种东西几乎多到了令人絮烦的程度，如第五十二幅插图所示。同样雕刻在犍陀罗美术中也有（参见第五十三幅插图）。

C. 用来填充和补白的方形莲花　出土于洛里昂·犍陀罗、收藏在加尔各答的博物馆的雕刻面上所看到的花纹与第五十五幅插图和云冈第四窟南壁入口处上方可见到的花纹（参见第五十四幅插图）。此外，比如出自巴基斯坦的斯瓦特河谷而收藏于卢浮宫博物馆的。这种形态的雕刻在中亚地区也有［参见斯坦因《古代和田》(*Ancient Khotan*)］。

D. 花绳　在云冈第五窟、第六窟里可以见到花绳的图案（第五十五幅插图是第五窟里的雕刻，尽管近年来的修理痕迹十分明显，但

第四十八幅插图　云冈的执金刚

第四十九幅插图　犍陀罗的执金刚

第五十幅插图　犍陀罗的忍冬纹

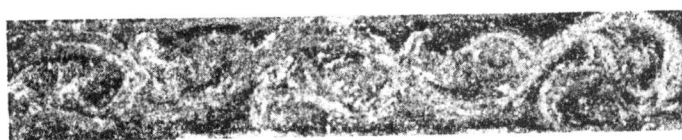

第五十一幅插图　云冈的忍冬纹

第五十二幅插图　云冈的莲花相连花纹

第五十三幅插图　犍陀罗的莲花相连花纹

大体尚可窥见原型的模样）。这种花纹一到龙门就更进一步发展起来了。同样的花纹在犍陀罗美术中也存在，特别是在犍陀罗美术中还配上了婴儿图案（参见第五十七至第五十九幅插图）。

我认为，上述的比较中，仅仅花纹有些许相似并不一定就能说明云冈雕刻与犍陀

第五十四幅插图　云冈的方形莲花花纹

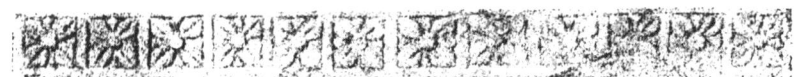

第五十五幅插图　犍陀罗的方形莲花花纹

罗美术之间具有直接的关联。然而，一种花纹决不是偶然产生的，特别是作为附带在佛教美术上的装饰，我想，二者之间大概一定具有间接的关系吧。

本来，云冈美术就是一种特别的存在。它恐怕不一定被认为是具有独创性的，但和印度的原型加以比较，又明显经历了中国化的变革。

然而，这种中国化程度和龙门雕刻相比，却又不那么显著。在龙门，中国化往往会流于颓废的倾向。

由此可见，印度的蓝本被带到国土迥异的大同后，与当地自古流传下来的艺术形式融汇在一起，由此而第一次诞生的新鲜韵味在艺术上对我们产生了异常强烈的刺激。

并且，在此期间又让我们想起极其相似的印度的原型，特别是佛籁洞里的多头佛尤其显著。

近来，我也开始相信，作为印度的原型，以笈多王朝的雕刻来对应于此大概是最恰当不过的了。然而，我相信犍陀罗美术的影响也不是完全没有，所以才写了这个书稿。

我有一个愿望，想于最近去漫游一下印度，我想这样就会有机会亲近犍陀罗系统

第五十六幅插图　云冈的花绳

第五十七幅插图　犍陀罗的花绳（一）

第五十八幅插图　犍陀罗的花绳（二）

第五十九幅插图　犍陀罗的花绳（三）

和中印度系统的雕刻了吧。由此，今后还想从从容容地考察一下大同美术的渊源，这次执笔，完全是一份仅为备忘而写下的未定稿。（追记：漫游印度的夙愿终究没能够实现。）

第一○六幅图片 曼陀罗发掘的释迦立像（笈多时代全盛期）

第一〇七幅图片　云冈第二窟的降魔像

第一〇八幅图片　甘肃省敦煌千佛洞（引自伯希和著《敦煌图谱》）

第一〇九幅图片　敦煌千佛洞（引自斯坦因著作）

第一一〇幅图片　甘肃省敦煌千佛洞第———号石窟的后壁（引自伯希和著《敦煌图谱》）

第一一一幅图片　甘肃省敦煌千佛洞第一一一号石窟的右壁（同上）

第一一二幅图片 云冈东方大窟左侧的胁侍菩萨（引自佩尔琴斯基著作）

第一一三幅图片 坎哈那佛窟里的释迦如来像（笈多时代末期）

213 | 大同美术中的犍陀罗要素

附录

本书中所收录的《云冈日录》以及《大同美术中的犍陀罗要素》是执笔于大正九年（1920）和大正十年（1921）的文字，所以，现在读来，不足之处相当多。同时，在我们游历了云冈之后的岁月里，有不少考古学者、美术专家等先后前往云冈，他们所撰写的见闻录和研究成果之类的资料也相当多。因此，在重新出版旧书稿之际，有必要顾及这几点。然而，这毕竟是我利用余暇时间所染指的业余爱好，所以，无法为此抽出太多的时间。倏忽之间草就了三两部书稿，可以作为新的想法的参考。然而，无暇将这些文稿整理成有条理的叙述文章，所以，就原封不动地收录在此，以此代跋。尚未研读的文献想必不少，文笔粗糙，心中难免羞愧，无奈付梓日期迫近，所以，只好忍羞交上此稿。在此，乞望读者诸君宽恕海涵！

——昭和十三年（1938）——

一、大同石佛杂谈

今年，在美术院和青龙社的展览会上，都有以大同石佛为题的画。共有四位画家画了此类的画，其中，前田青村和川端龙子画的大同石佛尺寸又大水准又高。

前田青村的作品是画在纸上的，我无法清楚地说出那幅画的尺寸，但那是超过了两张榻榻米大的巨幅绘画作品。据说那种名为黄土的颜料很难用，所以，费了好大的劲儿。然而，把那尊即使在大同所有石佛中都是最为醒目的白耶佛洞里的五十尺高的大露佛面向佛像，在左侧三七开的位置上用细线条画出，然后，涂上黄土后晾干，然后，再涂上黄土后再晾干，反复进行线描而成的。黄土上闪亮的地方好像放进去金粉了。

川端龙子画的是大露佛，是用墨汁和黄土画的。一幅是在中央部分的石窟群中的一座（沙畹所命名的第七窟）前面画的，下段是入口，中段是较深的佛龛里面的大佛，上段还是一座洞窟，可以窥见涂饰了色彩的内部壁面。

第六十幅插图　大同石佛　前田青村　作

我于大正九年（1921）游历此地，曾讲过："在这样的地方，美术家们带着美术鉴赏的眼光来观察这座石佛寺的前例实属寥寥。依我们所见，雕塑家、画家等，就是为了亲睹这座石佛，也应该去中国留学一趟。"到了今日，这样的机遇终于到来了；今后，来访问此地的人也一定会很多吧；而鉴赏大同石佛也会成为司空见惯的寻常事吧。然而，若想理解大同石佛并且读懂其中深味，当然是自有其道的。

在美术古董中，佛像之类的鉴赏决不是那么简单的。浮世绘啦、赖山阳[25]的书法啦，都属于入门阶段，接下来再追溯到德川时代[26]的文人画、琳派[27]绘画、狩野派[28]绘画、雪舟[29]的绘画、土佐派[30]绘画、古土佐派绘画，才会开始觉得佛教绘画和佛像等有趣起来。即使在佛像中，镰仓时代[31]的比较易懂。然后，才会开始中意白凤时代[32]和天平时代[33]的佛像。

大约二十年前，我在奈良的博物馆里满怀钦敬之情观赏相传是问答师所创作的几座佛像时，偶然与石井鹤三君[34]不期而遇。当我谈到问答师的雕刻之美时，他不停地赞赏那尊《买酒观音》。所谓《买酒观音》，其实是开玩笑所起的俗称，是一尊受法隆寺委托保管的百济观音。到了最后，我也渐渐地喜欢上了这尊充满古典风情的雕刻。二十年前，所谓的日本美术鉴赏，几乎就到达了"顶点"了。中国的天龙山尚未被发现，龙门石窟和云冈（大同）石窟也仅有少数的几名专家（主要是当时的工科大学的几位博士）才知道，我们也是通过照片才看到的。然而，沿着这个顺序我们走到龙门和云冈，进一步理解了那里的石佛，兴趣也更浓了。也就是说，正当我认为推古天皇时代

25　赖山阳（1780—1832），日本江户时代后期的儒学者、史学家、汉诗诗人、书法家。

26　德川时代，即江户时代，1603—1867 年。

27　琳派，即光琳派。是继承了画家尾形光琳画风的一个流派，其特点是装饰性倾向较强。尾形光琳（1658—1716），江户时代中期的画家。

28　狩野派，以中国绘画为基调的日本画中最大的画派，狩野正信是该画派始祖。狩野正信（1434—1530），室町时代中期的画家。

29　雪舟（1420—1506），室町时代的画家僧。曾于 1467 年前往中国的明朝学习水墨画，其描绘自然景色的山水画笔法雄浑而充满个性，给予后世画坛相当大的影响。

30　土佐派，日本画的一大流派，是继承了大和绘画风格的一个画派。与狩野派比肩作为日本画的两大流派一直持续到江户时代末期。

31　镰仓时代，1185—1333 年。

32　白凤时代，日本文化史和美术史上的一个时代划分，在飞鸟时代之后，天平时代之前，指大化改新开始的 645 年到平城京迁都的 710 年之间的半个世纪。

33　天平时代，日本文化史上的一个时代划分，以天平年间为中心，更为广泛地指整个奈良时代。奈良时代，710—794 年。

34　石井鹤三（1887—1973），雕刻家、西洋画家、版画家。

的古典风格的佛像就是那一领域的艺术最深处的一座庭院时，却发现在更深处有一片更广阔的领域恢弘地展现开来。这恰似一个人以为塞北的哈尔滨是陆上最后一个大都市，却意外发现在冰天雪地的更往北的地方还有托姆斯克、奥姆斯克、托博尔斯克，而且从莫斯科延伸到远方的道路最终甚至会通向欧罗巴的古都。这种比喻在目下可能不太贴切，但我当年住在奉天时曾到过哈尔滨，所以，当我第一次看到大同的石佛时，偶然涌上的感慨就是上面的这个比喻。

第六十一幅插图　大同石佛接引佛洞（右）及大露佛（左）川端龙子作

　　从推古天皇时代的佛像直至大同佛像，对文化史领域的回顾性透视视角突然变得异常广阔，这是因为我们观瞻的目光从被海洋划分了界限的岛国被引向了大陆的广阔领域。我们的目光所追寻的目标，不仅是唐朝和北魏等时代，甚至是从印度到希腊。

　　这一点暂且不谈。从古典风格的推古天皇时代的佛像出发走到大同佛像，首先会感到二者之间有着显著的差异。推古佛像可以说像欧洲的哥特式雕刻一样，刻画在木石上的人物失去了人情人味，成了一个个神圣的非人的形象。即使在天平时代的佛像上，用"人情人味"这个词也不能说恰如其分。然而，一到大同石佛，当然，在大约有几万座的、数不尽的大小佛像里，也有那种神圣的非人形象的佛像，但另一方面，也有很多表情生动的雕像，仿佛是把丰满、可爱的妙龄处女原样再现出来一般。换言之，使人感到那是一种文艺复兴，是人性的再生。

　　观瞻至此，我想对佛教美术，尤其对是佛像必须进行重新思考了。远离现实、脱离肉体、只剩下精神性要素的容颜体魄就是哥特式美术中耶稣和圣徒的形象——这种说法不能说不存在，但从推古佛像中几乎也能感受到与之相同的印象。然而，在比它们更古老的时代的佛像上，有些却反而不是古典风格的。提到"摩登"一词，恐怕相当怪诞可笑，那么还是避开这个词。即使如此，摩登的雕刻——换言之，就是被继承了欧洲的、希腊的传统发展至今日的裸体像乃至一般人物像所熏陶出来的眼睛会感到亲切的雕像，在云冈有许许多多。我开始思考其中的缘由。

　　若体会不到这种近乎惊愕的感觉，那么，观赏云冈佛像也品尝不到真正的味道。

如果事先不做好追溯到日本的古代佛像的知识上的准备，第一步看的就是云冈石窟，那么，就会觉得：不过如此啊，因而难以领略其精妙所在。鉴赏佛教美术，逆流而上地追溯时代的途径实乃正统。

在此，借助云冈佛像中一尊最具人情味的雕像稍微说明一下。云冈佛像中，位于寺内通称"释迦佛洞"的一座大洞窟的中央大塔下方的大佛一侧的胁侍菩萨就是一个最好的例子（参见第八幅插图）。从容貌骨骼等方面看，那是一尊颇似十九岁或二十岁的女子的、体态丰腴的菩萨，双手交叉在胸前在做礼拜。她头顶宝冠，身后有背光。衣裳如同在许多云冈佛像身上所看到的那样，从双肩披下，垂到膝盖处时衣褶和如同裙裤一样的下摆好像交叉在一起了。腰微微扭动着，双膝更大幅度地弯着，两条小臂裸露着，体态丰腴，仿佛是雷诺阿画笔下的女人一样，手臂较粗。总体来说，体态丰腴圆润这一点是众多的云冈石佛的特征。并且，根本没有犍陀罗雕像以及高棉族佛像和爪哇佛像上常见的不自然以及烦琐的东西。此外，骨骼各个部位比例平衡掌握得也十分得体，既不存在头部过大的现象，也没有腿过短的败笔，更没有中印度雕刻中常见的女体曲线上的生硬尖锐。

由此我们不能不这样判断：雕造了这座佛像的人不仅丝毫没有损伤她作为菩萨的尊严，而且又生动地表现出了女体的健康之美，一定拥有高超的技术。迄今为止形成的佛像越好就越该神秘、古典，神情不自然、比例失调等先入之见，至此应该完全被打破了。

这里仅举了一个例子，而且我选作例子的那尊佛像实际是位于一个石窟中昏暗的、不显眼的地方，也许不一定是当时技术最精湛的工匠所雕。除了这尊雕像以外，与此类似的佛像还有很多，并且，在雕塑质量方面属于上乘之作的佛像亦不胜枚举。通过这些事实，可以判断云冈的造佛工匠一定是出于一个具备艺术禀赋的民族，这个判断决不会错。

那么，是什么种族的人创造了这些佛像呢？是北魏的拓跋氏族。拓跋氏族是一个具有造形艺术天赋的民族这一问题不断地突兀涌现起来。对此，凭借空想可以做出各种解释来，并且有人已经尝试着那样做了，然而，却不能在文献上进行考证来确定这个结论。因此，要想解决这个问题，必须另觅途径。也就是对现在所有的遗物进行系统的考察。幸运的是，能够与此进行比较加以考察的雕刻作品随处都有很多。后期的作品，除了日本和朝鲜的佛像以外，中国的龙门、巩县、天龙山等地也有类似的石佛寺；而时代更为久远的还有敦煌鸣沙山的千佛洞，印度的笈多王朝以及犍陀罗的石窟、佛塔和石佛。此外，与佛教没有关联，但与汉代的建筑和雕刻也有比较一下的必要。

出于必要而进行的这种比较而开始考察我国天平时代和推古时代的佛教雕刻的渊源，也是在追寻世界文化史的脉络。由此，运用沿着时代溯源而上的考察方法使我产生了越来越浓厚的兴趣。

接下来,我将就大同佛教美术的源流以及其后的变迁等问题阐述一下自己的意见。

大同的美术是否是犍陀罗美术的正宗继承者呢?首先要探讨的就是这个问题。而在此之前的问题是犍陀罗美术的真正面目是什么。对此,我们未必已经明了。然而,现在在此加以说明也无济于事,所以,索性将其当作一个已知的事实,在此基础上展开讨论。所幸去年曾来过日本的法国考古学者伏舍先生曾写过两本题为《犍陀罗艺术》(1905年、1918年)的著作,现在,我把其中较短但却相当重要的一段摘录下来并译出,收进了《艺林闲步》一书里。伏舍先生的著作毫无疑问是一部好书,其上卷于1905年出版了。此后,在这个领域想必一定又有新的发现吧。只是,遗憾的是,伏舍先生对中国和印度等地的佛典不太熟悉。换言之,作为一名日本人,我认为有必要对伏舍先生考察过的地方重新探究一次。我也许久以来一直对此充满着期待,但目前这种期待恐怕并不能得到满足。真心希望我国在学术方面能够扩大尺寸与振幅。

总体说来,作为专家首先发现云冈石窟的,是我国的伊东忠太博士。伊东忠太博士在明治三十五年三月(1902年3月)到明治三十八年六月(1905年6月)之间前往中国、印度和欧洲进行研究旅行的途中,于明治三十五年六月某日和横川省三[35]、宇都宫五郎[36]等人一起从张家口出发到了大同,他们沿着武周川向前走了三十里就到了云冈这个地方。据他们讲:"这座石窟寺的发现完全属于偶然。我们做梦也没想到在这一带竟然有拓跋氏的遗迹存在。实际上我们来大同的目的是为了探寻辽、金时代的遗物,没想到获得意外的发现,实在令人欢呼雀跃。"对此种喜悦,我完全能够体会。伊东忠太博士判断道:"云冈石窟的风格乃我国推古式雕像的祖先,我相信它属于犍陀罗美术的直系艺术。"这一观点在我国的专家之间兴盛了许久。

接着,冢本博士和关野博士也先后去大同进行了考察。冢本博士是明治四十一年(1908)去的,关野博士是大正七年(1919)去的,而伊东博士于昭和五年(1930)又第二次重访了此地。

再以后,法国的汉学家爱德华·沙畹(Edouard Chavannes,1865—1918)的著作《华北考古使命记》(*Mission archéologique dans la Chine septentrionale*)又出版了。沙畹于1902年已经写了有关龙门石窟的报道,之后于1907年去了云冈。沙畹在上述著作中主要发表了他搜集的云冈、龙门的建筑和雕刻等照片,数量相当多,欧洲人主要是通过此书才了解中国古代雕刻的。

---

35 横川省三(1865—1904):新闻记者、军事密探。日俄战争爆发后作为间谍奉命潜入中国东北,企图炸毁齐齐哈尔附近的铁桥,但被俄军发现逮捕,在哈尔滨被枪决。

36 宇都宫五郎:明治时期的著名学者,于1894年翻译出版了德国法学家鲁道夫·冯·耶林(Rudolf von Jhering,1818—1892)《权利竞争论》,影响巨大。

其后，松本文三郎博士于大正六年（1918）去印度考察那里的佛迹佛像，归途上顺便去了云冈，将云冈的石窟和佛像与印度的进行了比较。松本博士将比较之后得出的见解写在了题为《中国佛教遗物》的书里。松本博士认为云冈的雕刻中没有犍陀罗美术的典型，而全部继承了印度笈多王朝的雕刻风格。在其后，我请关野博士给我看了他从印度带回来的数量众多的佛像照片，开始时我认为云冈石刻确有几分笈多王朝的雕刻风格，于是我也认为云冈的石佛大体都继承了笈多王朝的雕刻遗风；但同时我也了解到这里面有不少属于犍陀罗美术直系的雕刻。

关野博士于大正七年二月（1919年2月）从东京出发，之后在中国各地旅行的八个月期间也去云冈做了调查，第二年三月，在印度孟买的日本人俱乐部里他围绕印度的佛教艺术进行讲演时谈到："我在观赏云冈的石窟内外的雕刻后，认为所谓的北魏式雕刻的一个侧面里，既有对两晋时代雕刻艺术的继承，也有到了当代后的异常发展以及来自印度笈多王朝雕刻的影响。"同时，关野博士还说："在迄今为止的学者中，很多人都主张北魏式雕刻受到了犍陀罗美术相当大的影响，英国和德国的学者中，也有人认为犍陀罗艺术如同中国、日本的艺术及佛教艺术之母（比如文森特·史密斯先生和格伦韦德尔先生），这几乎成了迄今为止学术界的定论。可是，对此我无法立刻表示赞同。实际上作为北魏艺术的遗物首次出现的时代是公元五世纪中叶，当时在中印度已经迎来了笈多王朝艺术的黄金时代，而在犍陀罗则是佛教渐趋衰退之时，由于突厥族佛教与佛教艺术一起从根本上濒临着灭绝的危机。由此可见，犍陀罗艺术不可能直接影响当时的北魏。那么，犍陀罗艺术又如何间接地影响了当时的北魏呢？由于是对两晋产生过影响的艺术被中国化之后传到了北魏，所以，成了一种性质相当不同的样子。把北魏式艺术与犍陀罗式艺术进行比较的话，就会发现二者具有完全不同的艺术风格，寻找二者的相似点反倒比较困难。当然，我不能否认曾产生过间接性的影响，但以往的学者们似乎过分强调了这种影响的程度。"

关野博士的讲演内容接下来还有，但由于主旨相同，在此暂且省略。"总而言之，北魏式雕刻是在两晋时代就早已发达的艺术随着佛教的兴盛得到进一步发展，到了北魏时代以后又取得了异常的进步，因此，对上一个时代产生过影响的犍陀罗艺术已经是在经历了中国化的改变之后仅仅留下些许痕迹而已。""并且，在这里应引起注意的是，笈多王朝式雕刻艺术很早就被传到北魏这一史实。现在没有充足的时间来论述此事，但仔细研究一下北魏式雕刻，就会发现其中存在着雕刻成为石壁的一部分的样式，也存在着融进笈多王朝式雕刻风格的、多少有些风格不同的其他形式的雕刻。前者属于从两晋时代传下来的中国固有的样式，后者则是深受中印度影响的笈多王朝样式。这种笈多王朝样式的影响在北魏初期比较微弱，但到了隋朝就开始大了起来，到了唐代就更加深远了。"（参见第一〇六幅图片）

其后，在有关专家之间曾展开过怎样的讨论，我没有留意，所以一无所知。然而，这个问题似乎并非已经解决了。

因此，比任何问题都要紧的是，我期盼着能够出现有关所谓的笈多式（中印度式）佛教艺术的系统性研究，并因此授予我们这方面的知识。关于犍陀罗艺术，无论如何已经有了伏舍所著的、堪称经典的大作，由此我们可以获得大体的知识轮廓。而中印度系统或者说笈多式系统的佛教艺术，如果我讲得不对，那么请原谅——我认为尚没有系统的研究。在这方面，主要是英国的学者偶尔发掘后进行一下研究，这些偶然的发现以及零零散散的研究似乎在专业杂志和学术报告书里有所出现，但像伏舍关于犍陀罗艺术那样综合性的著作还没有出现。已经辞世的关野博士收集了许多这方面的资料，其中一部分资料我拍摄过照片，但被批准拍摄的条件是在关野博士方面发表有关研究成果之前不得就此著文。关野博士生前日理万机，极其忙，所以，终究没能分出时间和精力展开这方面的研究，因此，只给我们留下了一部《谈谈印度佛教艺术》（西游杂谈通信四）。

关野博士这样讲过：云冈时刻的确存在相传深受犍陀罗艺术影响的部分，对此我曾经一一指出。也就是说，说是云冈的佛像和佛教艺术，但实际上相当复杂，其中有的间接或直接来自犍陀罗艺术的传承，有的则是受了比犍陀罗艺术更浓厚的笈多王朝艺术的影响。同时，其中也混淆了汉代以来中国本来的艺术风格。三言两语这样大致论述一下或许可以吧。

关于与中国本来的艺术风格之间的关系，最近，水野清一[37]先生撰写了题为《六朝佛教艺术中的汉代传统》的论文（发表于《东洋史研究》第一卷第四号）。

综上所述，云冈艺术——尤其是云冈佛像雕刻艺术的神韵是极其特殊的。云冈佛像雕刻艺术与笈多艺术和犍陀罗艺术相似却又不同，但和在高棉、爪哇等地后来发展起来的佛像雕刻艺术相比要精湛好几级。即使在中国的佛像雕刻艺术中，龙门、巩县、天龙山的雕像也属于先驱之作，但其神韵已经和原物大不相同了。就佛像立像的整体以及细部、建筑要素等方面来逐一考察其间的关系是一件非常令人感兴趣的事。再深入将其与朝鲜的庆州石佛和我国的推古时代、天平时代以来的木像乃至干漆像等进行比较的话，一定更有益。

无论如何，笈多艺术和犍陀罗艺术都有亲戚关系，而犍陀罗艺术也与希腊、罗马、波斯的艺术相关联，这是众所周知的，而佛教艺术研究这一工程，无疑是万里跋涉到横亘于世界文化史的时间与空间的连绵群峰上的一段重要的路途。并且，正如我从一开始时所讲的那样，云冈，就是其中的一个中继站。因此，为了更好地了解云冈、更好地品味云冈石佛艺术，我认为，与其毫无准备地直奔云冈，不如先研究日本的佛教

37　水野清一（1905—1971）：日本兵库县人，毕业于京都大学并任该大学教授。考古学者，主要研究阿富汗以及中国等亚洲大陆地区，主要著作是《云冈石窟》。

艺术，然后，一边在方向上一步一步向西行进，一边逆时代之流而上——这样的研究态度可以带来特别多的收获。

昭和十三年九月《文艺春秋》

二、北魏的造像

要想了解大同（云冈）的石佛，首先必须对创造了这些石佛的北魏这个王朝及其文化进行一下考察。这一考察本该早些做，但由于迄今为止一直疏懒这项作业，因此，决定一边研读《魏书》做读书札记，一边进行思考。从各位不习惯阅读的中国古代典籍中引用的文章段落或许会引起误解，对此还请各位宽恕。

一

首先还是列出历代帝王及其年号更方便些。在太祖道武皇帝创建魏国之前，还经历了数代约一百六十载的岁月。

*

始祖神元帝，讳力微。
文帝，讳沙漠汗。
章帝，讳悉鹿。
平帝，讳绰。
思帝，讳弗。
昭帝，讳禄官。桓帝，讳猗㐌。穆帝，讳猗卢。（三帝分统）昭帝驾崩后，穆帝将分为三部分的国家统一了。
平文帝，讳郁律。
惠帝，讳贺傉。
煬帝，讳纥那。
烈帝，讳翳槐。
昭成帝，讳什翼犍。自此开始称"建国"年号。

*

太祖道武帝　登国元年（386）。这就是拓跋珪，同年四月将国号改为"魏"，后人称"北魏"。

皇初元年（396）。

天兴元年（398）。

天赐元年（404）。五年十月皇帝驾崩，享年 39 岁。

太宗明元帝　乃太祖长子，生于登国七年（392）。

永兴元年（409）。天赐六年十月改年号。

神瑞元年（414）。

泰常元年（416）。八年十一月皇帝驾崩，享年 32 岁。

世祖太武帝　乃明元帝长子，生于天赐五年（408）。

始光元年（424）。

神　元年（428）。

延和元年（432）。

太延元年（435）。

太平真君元年（440）。

正平元年（451）。翌年的正平二年三月甲寅日皇帝驾崩，享年 45 岁。中常侍宗爱矫皇后令，杀害了太武帝的皇子东平王翰（拓跋翰），迎另外一个皇子南安王余（拓跋余）为帝，改年号为"永平"。同年十月，因为宗爱的缘故，余被大臣杀害，尚书长孙渴侯与尚书陆丽合谋，立皇孙为帝。这就是高宗。之所以称之为皇孙，是因为高宗是太武帝的长子晃的长子。晃于延和元年 5 岁的时候成为皇太子，却于正平元年 24 岁时殁于东宫。高宗称帝后，将晃追谥为景穆帝，庙号称泰帝。

高宗文成帝，生于太平真君元年。

兴安元年（452）。

兴光元年（454）。

太安元年（455）。

和平元年（460）。于和平六年六月驾崩，享年 26 岁。

显祖献文帝，高宗长子，生于兴光元年秋季七月。

天安元年（466）。

皇兴元年（467）。常怀弃世之念，于皇兴五年称太上皇，于承明元年驾崩，享年 23 岁。

高祖孝文帝，显祖长子，生于皇兴元年八月。

延兴元年（471）。

承明元年（476）。

太和元年（477）。于太和十七年迁都洛阳。二十三年夏季四月丙午于朔帝谷塘原的行宫驾崩,享年33岁。

世宗玄武帝,孝文帝第二皇子,生于太和七年(483)闰四月。

景明元年(499)。

正始元年(504)。

永平元年(508)。

延昌元年(512)。于延昌四年春季正月甲寅罹病,丁巳于式乾殿驾崩,享年33岁。

肃宗孝明帝,宣武帝第二皇子,生于永平三年三月丙戌,于延昌四年春季正月丁巳夜继承皇位,时年6岁,称熙平。

熙平元年(516)。

神龟元年(518)。

正光元年(520)。

孝昌元年(525)。

武泰元年(528)。于同年二月癸丑日,皇帝于显阳殿驾崩,享年19岁。事情过于突然,因此有流言称其被生身母亲灵太后(胡氏)以鸩毒所害。在此之前,灵太后偶然将肃宗之皇后潘氏所生的女孩谎称为男婴,为了庆贺婴儿诞生,改年号为武泰,翌日乙卯时刻立之为太子,并即位。经过数日,见人心稍微安稳下来,遂公布潘氏新生婴儿实为女婴,故而改立时年三岁的临洮王子钊为主,天下无不愕然。《帝纪》里面的记载相当简单,只在"甲寅皇子即位,大赦天下。皇太后诏曰云云"一行字之后,加上"乙卯幼主即位"等寥寥几言。其后,有一个名叫尔朱荣的大都督于四月庚子日将灵太后与幼主一并沉入黄河,随后立彭城王勰的第三子悠为帝。这就是孝庄皇帝。此时将年号武泰改为建义。

建义元年(528),又称安永元年。

建明元年(530),自建义三年十月更改年号。建明元年十二月,皇帝为了尔朱兆而迁至晋阳,于甲子城内的一座三级佛寺驾崩,享年24岁。

建明二年三月,尔朱世隆等将前朝废帝广陵王拥立为主,将国号魏改称大魏,年号由建明二年改为普泰元年。

普泰元年(531),此年六月壬寅日,齐献武王与尔朱一族大举对立,十月推举渤海太守元朝于信都即位称帝。此后,即为下一代君主安定王。普泰三月废掉了广陵王。太昌初年,35岁时辞世。

后废帝安定王。

中兴元年(531),将普泰元年改为中兴元年。中兴二年逊位,太昌元年五月获罪而崩。时年20岁。

出帝平阳王,中兴二年,安定王于夏四月心生退位之意,与齐献武王百寮进行商议,遂立广平武穆王之第三子即帝位。这就是出帝。

太昌元年（532），于中兴二年四月改元。及至此时，柔然国、西域咽哒国、高丽、契丹、库莫奚关国、高昌国等又开始遣使朝贡了。

永兴元年（532），十二月将年号太昌改为永兴。

永熙元年（532），因为永兴乃太宗雅号，遂将年号再次改为永熙。永熙三年七月，皇帝亲自率兵攻至长安，十二月被一个名叫宇文黑獭的人所害，终年25岁。于此，北魏灭亡。

孝静皇帝，清河宣文王亶之子。永熙三年出帝远征长安未能获胜，百寮召开会议推其为帝，使之继位于肃宗之后。皇帝当时年仅11岁。于冬季十月丙寅日即位。永熙三年将年号改为天平元年。这就是东魏。东魏前后分别更改了天平（534）、元象（538）、兴和（539）、武定（543）这四个年号，于武定八年（550）在一代皇帝统治十七年后灭亡。

而在另一方，宇文黑獭杀害了出帝，乃以南阳王宝炬僭尊号，年号称大统元年（535）。这就是西魏。关于西魏的资料就不做抄录了。

二

北魏与佛教的关联大体始于太祖道武皇帝时期。《魏书·释老志》记载如下：

> 魏先建国于玄朔，风俗淳一，无为以自守，与西域殊绝，莫能往来，故浮图之教未之得闻，或闻而未信也。及神元（始祖神元皇谥号力微）与魏晋通聘，文帝（谥号沙漠汗，力微之子，于魏景元二年，即261年作为人质远赴魏国，滞留于洛阳）又在洛阳、昭成（道武帝的祖父，谥号什翼犍。19岁即位，称为建国元年。建国元年约相当于349年）又至襄国（烈帝乃昭成帝之兄，还在昭成帝尚未即位时就向后赵的石勒求和，烈帝令昭成帝与从者五千余家同赴后赵）乃备究南夏佛法之事，太祖平中山径略燕赵。所逐郡国佛寺见诸沙门道士皆致精敬，禁军旅无有所犯，帝好黄老，颇览佛经。但天下初定，戎车屡动，庶事草创，未见图宇招延僧众也。然时时旁求，先是有沙门僧朗，与其徒隐于泰山之琨珩谷，帝遣使致书以绢、素、旃厨、银钵锡为礼，近犹号曰朗公谷焉。天兴元年下诏曰：夫佛法之兴其来远矣，济益之功冥及存没，神踪遗轨信可依凭，其敕有司于京城建饰容范官舍，令信向之徒有所居止。是岁始作五级佛图耆阇崛山及须弥山殿，加以绩饰，别构讲堂禅堂及沙门座，莫不严具焉。

北魏的佛教及至太宗明元帝时已经获得了发扬光大。明元帝本人不仅怀有虔诚的宗教信仰，而且嗜好文物。

明元帝乃太祖长子，其母是刘贵人。明元帝[38]幼年时代，太祖将刘贵人赐死。为了教导、劝说悲痛哭泣的明元帝，太祖引用了这样一个史例说，汉武帝在立其子继位时就杀掉了儿子的母亲，因为不能让妇人参与国政。然而，明元帝的悲愁无论如何都难以消减，太祖大怒。于是，左右臣子将明元帝藏在了外面。天赐六年冬季十月，清河王绍谋反，太祖驾崩。明元帝诛绍即位，改年号为永兴元年。明元帝礼爱儒生，喜读史传，魏朝的文化蓬勃兴盛起来。若研究北魏的佛像造像，必须对此时代背景加以留意。

然而，在《魏书·太宗记》里却没有发现有关佛教和石窟等记述。《礼志》里面有一句"太宗永兴三年（411）三月帝祷于武周车轮二山"记述，却无"石佛寺"字样。

《魏书·释老志》里接下来又这样记述着：

> 太宗践位，遵太祖之业，亦好黄老又崇佛法，京邑四方建立图像，仍令沙门敷导民俗，初皇始中赵郡有沙门法果，诚行精至开演法籍，太祖闻其名，诏以礼。徵赴京师，后以为道人，统绾摄僧徒，每与帝言多所惬允，供施甚厚。至太宗弥加崇敬。永兴中前后授以辅国宜城子忠信侯安成公之号，皆固辞。帝亲幸其居，以门小狭不容舆辇，更广大之。（沙门法果）年八十余，泰常中卒，未殡帝三临其丧，追赠老寿将军赵胡灵公。初法果每言，太祖明睿好道即是当今如来沙门，宜应尽礼遂致拜，谓人曰能鸿道者人主也，我非拜天子，乃是礼佛耳，云云。

此时天下已经迎来了一个佛法相当兴盛的时代。鸠摩罗什法师在长安草堂寺教导八百名学徒，道肜、僧略、道恒、道標、僧肇、昙影等沙门与罗什法师一起相互协作。此外，沙门法显悲叹此地尚无律藏，因而由长安赴往天竺国，携多部律经而归。江南地区则有来自天竺的禅师跋陀罗，他与沙门法业一道重译了沙门法领从西域获得的《法严经》。

世祖太武帝也于即位之时就遵从太祖、太宗先训，召集沙门进行商议讨论。四月八日将数尊佛像搬至广衢，太武帝亦亲临参拜，并观摩了散花仪典。

同一时期，还有罽宾（现在的克什米尔）的沙门昙摩谶以及惠始等其他沙门，呈现了各种各样的奇迹。

然而，太武帝中途听信了司徒崔浩之言，皈依了寇谦之的道教，甚至转而排斥佛法了。随着佛法的兴盛，沙门之中有开始骄奢起来的倾向，例如长安的种麦寺，开始养马，并储备弓、箭、矛、盾等武器。同时，似乎还有沙门违规酿酒、营私淫乱。因此，诏诛长安沙门、焚毁佛像；而在其他地区亦有效仿者。武帝下诏，治私养沙门者以死罪，有事胡神及造形像泥人、铜人者，一律满门诛斩。那是发生在太平真

---

[38] 明元帝：原文记作"元明帝"，译者推测或许是排字之误。

君七年三月的事。

太平真君十一年，崔浩以七十岁高龄获罪被诛，太武帝后悔了自己的所作所为，对禁佛一事也稍微放宽了。特别是世祖长子、身为皇太子的恭宗悄悄信仰佛法，庇护了深具操守的沙门昙曜。

及至高宗文成帝即位，又下诏重兴佛法，在各个州郡县内分别设置佛图一区，准许大州五十个人、小州四十个人出家。诏敕之中有下列文字：

> 世祖太武皇帝开广边荒，德泽遐及，沙门道士，善行纯诚，惠始之伦，无远不至，风义相感，往往如林。夫山海之深，怪物多有，奸淫之徒得容假托，讲寺之中致有凶党，是以先朝因其瑕衅，戮其有罪，有司失旨一切禁断。景穆皇帝每为慨然，值军国多事未遑修复，朕承洪绪，君临万邦，思述先志，以隆斯道。

此时，有一个罽宾的王族后裔、名叫师贤的沙门在佛像惨遭焚毁期间为了学习医术暂且还俗，并且恪守了佛道。文成帝为了师贤及其同辈共六人亲切剃发，并命师贤为道人统。

> 是年诏，有司为石像，令如帝身，既成，颜上足下各有黑石，冥同帝体上下黑子，论者以为纯诚所感。兴光元年（454）秋敕，有司于五缎级大寺内，为太祖已下五帝，铸释迦立像五，各长一丈六尺，都用赤金二万五千斤。

我认为，此处引用的文字前半部非常值得引起注意。即雕铸石像时令其酷似帝身这一点。尽管石像大小不甚清楚，然而，既然留下了如此详细的文字记录，那么，想必定是因为石像巨大引人注目吧。此雕像不是佛像而是肖像，对此，我兴趣极浓。由此可以推断，当时魏朝的工匠不仅拥有刻制肖像的技术，也对刻制肖像怀有兴趣。也就是说，可以推测，远在当时，如果有印度或者西域的佛像样本摆在眼前，那么，他们不仅拥有模仿造像的能力，而且还产生了有意无意间改变原来的模型、或者将其本土化的倾向。可以这样判断——当时，在没有必要拘泥于样本时，工匠们已经拥有了凭借自由艺术的精神雕刻菩萨、供奉者以及人柱的兴趣了。

一旦这样思考，我们就可以理解之所以大露佛的相貌既不像犍陀罗佛像也不似笈多佛像，而呈唐之道宜之像被评价为"唇厚、鼻隆、目长、颐丰，挺然大夫相"了。此外，恰如第十六窟的供奉者（第十三幅图片）、第二窟的菩萨（第三十一幅图片），令观者感受到充满风俗性肖像韵味的特点，恐怕亦非偶然吧。正因为如此，云冈石佛产生了别具一格的独创性特点，亦因此，才使它不仅仅是属于宗教史上的一份遗产，而且，作为生命力延续到现代的一项艺术品，仍然给后人以赫然生辉的深刻印象。

《释老志》的记录者接下来记述的，是有关北魏造佛事业上尤其重要的关键事项：

> 太安初有狮子国（锡兰）胡沙门邪奢遗多、浮陀难提等五人，奉佛三到京师，皆云，备历西域诸国见佛影迹及肉髻。外国诸王相承咸遣工匠摹写，

其容莫能及难提所造者。去十余步视之炳然，转近转微，又沙勒（即西域的'疏勒'，喀什噶尔）胡沙门赴京师，敬佛钵并画像迹。和平初师贤卒。昙曜代之，更名沙门统。初昙曜以复法之明年（兴安二年即453年），自中山被命赴京，值帝出见于路。御马前衔曜衣，时以为马识善人，帝后奉以师礼。昙曜白帝，于京城西武州塞，凿山石壁开窟五所，镌建佛像各一，高者七十尺，次六十尺，饰雕奇伟，冠于一世，昙曜奏，平齐户及诸民有能岁输谷六十斛入僧曹者即僧祇户（'僧祇'，Samghiva，我认为，'僧祇户'是否就相当于檀家呢？）粟为僧祇粟，至于俭岁赈给饥民，又请民犯重罪及官奴以为佛图户，以供诸寺扫洒，岁兼营田输粟，高宗并许之。于是僧祇户粟及寺户偏州镇矣。

通过这些记录，可以窥视到高宗时代佛教佛寺的形态以及经营状况。特别宜引起我们注意的是，佛像由斯里兰卡和喀什噶尔等地传来的史实。

在此，我们首先要考虑的问题是，沙勒（亦称"祛沙国、喀什噶尔"）和锡兰等国的佛像是何种形态呢？这个问题从手边的书籍里无法得知。除非远赴印度去亲眼观看印度的佛教美术，或者至少要对有关印度佛教美术的书籍和研究报告进行周密细致的考察方可获得答案。换言之，北魏的雕刻工匠们是参照什么样本才雕出了云冈佛像这一大问题正在等候着后世研究人员来解答。

只是，在印度，公元5世纪前后（根据关野博士的研究），亦即与云冈造像几乎相同的时代里，正如与彼处的施无畏印立佛（加尔各答博物馆所藏）一样，如果的确依照关野博士所言，那些"所谓曼陀罗式的代表作，而且是印度雕刻最出色的杰作"已经出现了的话，那么，或许可以推定，那种当时流行的风格与云冈的石像之间有相通之处。在这些造像上，亦可看到出类拔萃的士大夫风貌。

另一方面，昙曜在武塞州（云冈）首先开凿的是五处石窟，每处各雕造一座佛像，据说最高一座高达七十尺。那一座定是沙畹所言的第十九窟以东的那一座。沙畹所绘制的第十三窟中央，有一座巨大的立像。第十四窟、第十六窟里，分别雕有结跏趺坐的大佛。第十八窟里是倚像，第十九窟则是大露佛。这些几乎与《魏书·释老志》所记相同。

在此引用一下伊东忠太博士的理论（关于中国建筑史）：

……也就是说，云冈石窟开凿的年代已经明确，但此外又有异说。这是因为在《大清一统志》《山西通志》《府县志》等书志里有"元魏建，始神瑞终正光，历百年而工始完"这样一行记述。神瑞属于明元帝时代。若真如此，那么，是否可以理解为创立者为神瑞，及至太武帝时代遭遇废止佛教，造像事业中止；而文成帝再次复兴，进行了大规模开凿。此处的神瑞创制说由于根据不足似乎不被重视，然而，本人却不认为这一说法可以置之不理。关键是，针对现状，只要周密调查就必定会清楚的是，若理解为太武帝时代遭遇废止佛教之厄运，石像惨遭损毁，那么，这些佛像也就不可能存在了。无论如何，本人认为可以推断，现存的石窟寺始建于昙曜的五大石窟，其后的石窟均为到隋末唐初为止的各个时代继续建造的。

此外，应予以重视的记录，乃昙曜开凿石窟之际建造灵严寺一事。或许灵严寺当时是管辖五窟的伽蓝，但却无法得知其具体所在。据通志记载，此处有十所寺院，分别为一同舛、二灵光、三镇国、四护国、五崇福、六童子、七能仁、八华严、九天宫、十兜率，但有关各寺院名称的由来和沿革，我认为都缺乏准确的资料。

此外，关于昙曜开凿的五座石窟的同定问题，在此抄录一下关野博士的论说。关野博士所言的第二十窟，相当于沙畹所讲的第十九窟。

昙曜开凿的五座石窟，即第三区的第十六窟乃至第二十窟，无论从其规模还是样式上看，都可以首肯。第十六窟的立佛像高四十尺，第十七窟内的弥勒佛几乎高达五十尺，第十八窟的立像和第十九窟的坐像高度也都近乎五十尺。第二十窟的前壁已经倒塌，里面的坐像露出了全身，但自膝盖以下部分埋没在地下。我想，坐像整个身高恐怕有四十尺以上。北魏的《魏书》里所记载的最高者七十尺，其次高为六十尺，由于是用魏尺所量，因此，可以说与现状几乎完全相符。

同时，再次允许我引用关野博士的理论。在《中国佛教史迹第二集评解》（与常盘大定共著，大正十五年四月出版。）（大正十五年即1926年——译者注）里，智升的《开天释教目录》第六、有关昙曜的部分如下记述：

沙门释昙曜……以魏和平年中，住北台，为昭玄统，绥缉僧众，如得其心，住恒安石窟通乐寺，即魏帝之所造也。去恒安西北三十里，武周山北面石崖，就而镌之，建立佛寺，名曰灵严，龛之大者，举高二十余丈，可受三千许人。面别镌像，穷诸巧灵，龛别异状，骇动人神，栉比相连，三千余里。东头僧寺，恒供千人，碑碣见存，未卒陈委。

通过这段记录，可以得知：石窟开凿开始于和平元年以后；寺名为灵严；中唐时代碑碣见存。等等。

关野博士还根据已经引用过的《魏书》里的"于五缎大寺内为太祖已下五帝铸释迦立像五云云"推断，五大石窟也因为太祖已下五帝而开始凿建，这一点不容置疑。

明元帝、太武帝、文成帝、献文帝、孝文帝这五朝是北魏最兴盛的时期，西域诸国不断遣使朝贡。如疏勒国（喀什噶尔）、渴槃陁国（即今日之塔什库尔干）、于阗、罽宾（现在的克什米尔）、波斯，还有其他一时难以确定属现在哪个地名的许多国家。这些国家或献上良马，或贡上驯象。可以想象，和那些贡品一道，佛像和佛画等也一起被带来了吧。

在《释老志》中，还谈到了显祖献文帝尊崇佛教一事，详细记述如下：

> 显祖即位，敦信尤深，览诸经论，好老庄，每引诸沙门及能谈玄之士，舆论理要。初高宗太安末，刘骏于丹阳中兴寺设斋，有一沙门，容止独秀，众往目皆莫识焉。沙门惠璩起问之，答名惠明。又问所住，答云从天安寺来。语讫忽然不见，骏君臣以为灵感，改中兴为天安寺。是后七年而帝践祚，号天安元年。

显祖如此深诚地皈依佛法，因而常怀厌世之心，终于在皇兴五年将皇位禅让给长子孝文帝，称太上皇。

此外，在国势安稳的天安二年，高祖（孝文帝）又建造了永宁寺和天宫寺。永宁寺构筑了七级佛图，高达三百余尺。在天宫寺建造了释迦立像，高四十三尺，使用赤金十万斤、黄金六百斤。皇兴中还构建了三级石佛图，高十丈。高祖践位之后，显祖迁移至北苑崇光宫，在苑中建了鹿铃佛图。

同时也建造了其他多数佛图、佛寺。建明寺（建于承明元年）、思远寺（太和元年建于方山中太祖营垒之处。据《通志》记载，方山位于大同县北五十里处）等皆为其名。因此，从正光到此京（平城，即大同），大约上百所新旧寺院比肩高耸，僧尼有二千余人。据说，各国寺院多如繁星，数量已经上升到6478座，僧尼人数共有77258人。因此，愚民们侥幸声称自己出家了，为此出现了众多无僧籍的僧尼。这些僧尼都被勒令还俗了。为此，还专门有被称作维那的僧官负责审查僧尼们的真伪与勤怠。

当时建造图寺的人很多，贫富相竞，浪费资财。云冈太和七年的造像记，即如实展示了这一面。显祖还颁令禁止饲养鸷鸟。虽说是禁养鸷鸟，所指却未必只是猛鸟。高祖于承明元年八月临幸永宁寺，为大约百名出家为僧尼的良家男女剃发，并赐给他们僧服。永宁寺建在何处尚未考察到，不过，由此可以考虑到云冈造像正是在这样一种浓郁的宗教式气氛里所进行的。

三

在《魏书》里，有好几处关于历代帝王临幸武周山石窟寺的记录。下面搜集的仅是我抄录的与之有关或类似的章节：

> 皇兴元年……秋八月……丁酉，行幸武周山石窟寺。（《显祖记》）

即显宗14岁的时候。四年（皇兴四年——译者注）十二月甲辰口时在鹿野苑石窟寺临幸。

下面转向《高祖纪》：

> 延兴五年（475）……五月……丁未幸武周山。

此后还有一句：

> 辛酉幸车轮山，六月庚午禁杀牛马。这是孝文帝九岁时的事。
> 太和元年（477）……五月……乙酉车驾祈雨武周山，俄而澍雨大洽。
> 四年……八月……甲辰幸方山，戊申幸武周石窟等，庚戌还宫。

四年（皇兴四年——译者注）是孝文帝14岁的那一年。方山的思远寺建于太和元年，或许是孝文帝初次行幸吧。前往武周山石窟寺往返共三天，是有车驾停驻的。

> 六年（460）……三月……辛巳幸武周山石窟寺，赐贫老者衣服，壬午幸方山。

在这行文字之前，有如下记述：

> 三月庚辰行幸虎圈，诏曰：虎狼猛暴食肉残生处捕之日每多伤害，既无所益，损费良多，从今勿复捕贡。

顺便提一下，关于大象的记录，有这样一句：

> 和平元年（460年，高宗当政）冬季十月居常王献驯象。

就"赐贫老者衣服"这一记述，常盘、关野二位博士有此评价：

> 其精神在于行善供奉，这一点十分明确。岂知这不是对其父献文帝造像之举的感念呢？
> 正如在孝文帝谥号用字上所表达的那样，追孝心思之厚，乃他处所未见。

太和三年六月，于方山兴建石窟灵泉殿，自八月在此建造思远佛寺以后，孝文帝临幸方山的记录为：四年八月、五年四月、六年三月、七年七月、八年四月、九年六月、十年六月七月、十一年五月、十二年四月七月、十三年四月、十四年正月七月，如此，每年一至二次的行幸已成了惯例。其目的不外乎参拜思远寺。追孝之心如此深厚的孝文帝没有道理不为其父造像。第五窟的大石佛恐怕就是孝文帝为其父献文帝所雕造的。

《释老志》又讲：

> 八年……六月……戊辰，武州水泛滥，坏民居舍。
> 秋七月乙未行幸方山石窟等。

所言方山石窟寺是否就是灵泉殿或者思远寺呢？

太和十年正月朔日，孝文帝第一次衮冕而朝飨万国，并且于十七年（493）八月庚午日临幸洛阳，巡视故宫墓址，谓缅怀帝之侍臣。晋朝德修不善，宗祠倾颓、寺庙荒毁至此，令其伤怀，遂咏黍离之诗，为之流涕，壬申日观洛桥、幸太学、阅石经。

同年六月丙子日下诏令六军发轸，丁丑日着军服执鞭御马出行。群臣垂额俯首马前恳请停止南伐，帝遂止。在此定下迁都大计。十八年（494）二月甲辰日下诏天下，以此公布迁都之意。自此以后，北魏即迁都洛阳。

四

关于龙门造像一事在此不加叙述，但迁都以后，遂仿效云冈，红红火火地开凿石窟、雕凿佛像。不过也有少数佛像是在迁都之前就有的。几年前我也去过龙门游览，参观了宾阳洞等处石佛，但那里的石佛与云冈的大异其趣。对二者形态进行比较令我兴趣极浓，并多少做过一些尝试，但作为今后钻研的一大课题，所留意之处仍然很多。

龙门行幸一事在《高祖纪》太和二十一年里曾出现过。"夏四月庚申幸龙门，遣使者以太牢祭夏禹。"龙门造像主要开始于太和十九年，然而，高祖于太和二十一年四月的行幸还不是为了崇佛拜庙吗？其后也继续进行对圣人的祭祀。"癸亥行幸蒲坂，遣史者以太牢祭虞舜，戊辰诏修尧舜夏禹庙。"

这个月行幸长安，参观了未央殿、阿房宫和昆明池等。

二十三年四月高祖崩殂，享年33岁。他是一位在短暂一生中成就了宏图大业的帝王。

接下来的帝王是世宗宣武帝，即位时（太和二十三年四月）17岁。翌年正月改年号为景明元年。景明二年九月，宣武帝遣发畿内五万五千名男子令其建设京师三百二十三座僧房，四十日后工程停止，因而洛阳市街的面貌也被改变了吧。

　　正始元年（504）……冬十月……己亥行幸伊阙。（《帝记》）

　　永平二年（509）……十一月……己丑帝于式乾殿，为诸僧朝臣，讲维摩诘经。（《帝记》）

　　世宗好佛理，每年常于禁中亲讲经论，广集名僧，标明义旨，沙门条路为内起居焉。上既崇之，下弥企尚。至延昌中天下州郡僧尼等积有一万三千七百二十七所，徒侣逾众。熙平元年诏遣沙门惠生使西域采诸经律，正光三年冬还。京师所得经论一百七十部，行于世。（《释老志》）

通过这些记述，可知世宗崇佛之事。对僧尼的法律变得烦琐起来，在佛法普及蔓延的同时，令人感到佛教已然平俗化了。僧尼如同商贾，私下里悄悄供养亲戚奴婢。

在伊阙开凿的石窟工程依然继续着。正始二年一年内，已经劈山高达二十三丈。其后，由于在过高的地方开凿石窟所耗费用太多，因而，规定为高离地一百尺，南北间长一百四十尺。因此，自世宗当政的景明元年起到肃宗时代的正光四年六月止，共用工八十万二千三百六十六。

肃宗孝明皇帝当政时期，佛事也颇兴盛。熙平年间在中城内建了永宁寺。灵太后亲自率领百官参加佛寺佛塔的开工仪式。

"熙平二年四月乙卯日皇太后幸伊阙石窟等，即日还宫。"——《帝纪》里面是这样记载的。此外还有如下记录："孝昌二年八月戊寅帝幸南石窟寺，即日还宫。"

肃宗乃幼冲君主，其母灵太后专门执政，政纲不张，衅起四方。不只在伊阙，佛寺佛塔甚至已经无限制地建到了洛阳城内，强夺民居达三分之一。"今之僧寺，无处不有。或比满城邑之中，或连溢屠沽之肆，或三五少僧，共为一寺。梵唱屠音，连檐接响，像塔缠于腥臊，性灵没于嗜欲，真伪混居，往来纷杂。"换言之，外观佛教似呈兴盛之势，而其实质已经濒临颓唐。佛教与国家昌盛时期的勃勃生机一定早已失却了。

并且，从此以后的事亦已不值一提了。

以上是我尝试着根据《魏书》记述一下北魏时期崇佛造像的史实，并且试图窥探当时历史背景下的氛围。同时引用了伊东博士、关野博士、松本博士以及常盘博士等诸位学者的学说。关于北魏的造佛工匠是参照何种样本来建造石窟以及佛像这一课题，我已经放弃了解密的尝试。这远非凭借一朝一夕的努力就可以解决的，而是历史留给后世学者的、别具兴味的一个大问题。然而，实地考察云冈之地，并且阅读《魏书》中的《帝纪》《列传》和《释老志》，所受启发甚多，因而，对于在何种气象条件之下、在何种文化氛围中展开的造佛工程，大体可以领会。因此，在本书里，为了那些未读过《魏书》的人，连有关内容都做了抄录。

研究云冈石窟，其次面对的问题是，如此数量众多的石窟是按照何种顺序、何种年代来依次开凿的呢？东方诸座石窟，果然如同常盘博士和关野博士等学者所言是在隋代开凿的吗？

此外，关于云冈石窟与伊阙石窟和天龙山石窟之间形态存在异同的原因又是什么呢？这正是一个重要的问题。

这些问题的答案决非一朝一夕可以得到，只是必须将问题赫然提出。

昭和十三年十一月《文学》

三、云冈石佛文献摘录

大正十年（1921），我们动笔写《大同石佛寺》书稿时，关于云冈石佛的记录还相当少，只有伊东先生、沙畹、冢本先生、大村先生和松本先生所发表的那些文献。上述文献本书中曾屡屡引用。其后，此类资料逐渐多了起来。因此，时至今日，待我们的旧作即将再版之际，一定要将有关资料一一过目。幸运的是，座右宝刊行会的斋藤菊太郎先生为我们热心搜集来，因而，目前我们手边汇集了许多。难能可贵的是，斋藤菊太郎先生亲手为我们抄写下来。里面还有两三份尚未有机会得到关注的文献。

这样抄写着，不知不觉抄下的资料已经堆积成了高高的一座小山。引用之处有长有短，由于不是一开始就预定好的，所以，就成了如此长短不均的样子。

《魏书》（或称《后魏书》），共114卷

乃北齐魏收所撰写，由帝纪 12 卷、列传 92 卷和志 10 卷构成。志中同时著有释志一项。据说除了《魏书》别无他例。这也成了探究云冈造像详情的一个良好的依凭。我所参照的，是上海集成图书公司于乾隆四年勘校的版本。接下来抄录一些必要且属最小限度内的文献写成了上述文章，因此不再言及。

乾隆《大同府志》，由清文光、傅修等撰写，共 32 卷，乾隆四十七年刊行。

在第 4 卷《山川之部》里记述如下：

> 武周山东距府治二十里，高二里，盘踞三十里，北连雷公山，峪中有石窟等寺。后魏高宗时，僧昙曜凿石壁开窟五所，镌建佛像，雕饰奇伟，冠于一世。显祖、高祖尝幸焉。山下有金耿光禄冢。武周之州，《水经注》《隋书地理志》皆作周，《魏土地记》谓之武州塞口。

在第 6 卷《古迹之部》里记述如下：

> 武周山石窟在府西武周山中，元魏高宗时，僧昙曜请于城西武周塞凿山石壁，开窟五所，镌建佛像各一，高者七十尺，次六十尺，雕饰奇伟，冠于一世。显祖皇兴元年行幸武周山石窟寺。四年幸鹿野苑石窟寺。太和四年、六年、七年，屡幸武周山石窟寺。按今寺在府西三十里，左云界特，当时石窟之一迤东十数里，岩壁间，遗迹宛然。旧志载石窟十寺，其名详见祠祀。疑即《水经注》所称，山堂水殿烟寺相望者，已无可稽考。今城西十五里，佛字湾观音堂犹存。石佛数尊或其遗也。

在第 8 卷《巡幸之部》里记述如下：

> 显祖皇兴元年秋八月行幸武周山石窟寺。
> 高祖延兴五年夏五月幸武州山。
> 四年夏四月幸白登山。五月幸火山社。八月幸武州山石窟。六年春复幸。七年夏又幸。

伊东忠太著《中国山西云冈的石窟寺》[《国华》第 197 号及第 198 号，明治三十九年（1906），十月号及十一月号，东京国华社发行]

《伊东忠太建筑文献》中《见学纪行》1 卷及《东洋建筑研究》上下两卷 [昭和十一年（1936），龙吟社发行]

正如本书前面所言，当云冈石佛窟被中国的儒士文人遗忘了的时候，明治三十五年（即光绪二十八年，1902 年）六月，伊东博士偶然发现了它，并引起了学术界的瞩目。伊东博士最初发表的论文刊载于《建筑杂志》第 189 号上（明治三十五年九月发行），但抄录文献的人因疏懒而没有再次查阅此文。发表在《国华》上的文章，据滨田青陵博士在《从云冈到明陵》中所记称，由于滨田博士的请求伊东博士才寄稿给了《国华》。在该论文绪言里，就云冈石窟被发现时的状态以及长期以来已成为我国学界定论的样式所阐述的伊东博士的观点皆为研究的依凭，因此，在下面再次抄录下来：

明治三十五年夏季六月中旬，我赴清国旅行，途中探访了位于清国山西省大同府西部的名叫云冈的一座荒村，发现了拓跋氏魏朝所建造的一群石佛寺，深为其形态和创作手法而震惊。这一发现实际上成了我此次亚细亚之旅中最重要的经历之一。窟内的状态至今仍历历在目，铭刻于眼底。……当时我曾私下暗想山西大同之地即后魏之平城，亦即辽金之西京，远古如北魏之遗址，恐早已灰飞烟灭，不存片瓦，然及至到达大同考察其附近之时，不料却于城西三十里处的云冈发现一群石窟寺。遂观看这片石佛寺，意外地发现这实际上就是北魏所造的古刹，一千五百年前的旧观依然保持到了今日。其形态与雕刻手法不仅与所谓的我国推古式完全一致，更融入了大量西洋古典艺术手法，一眼望去，就展示出它属于西域艺术的直系产物。将其与位于洛阳龙门的石佛寺加以比较，可知二者原来大体出自一辙。虽说如此，进一步亲眼见到比其更浓郁的古典韵味时，我找到了自己曾经深信不疑的'犍陀罗艺术越过葱岭[39]后传入现在的中国和土耳其，经过塞外又传入朝鲜，接着又传入日本，在日本形成了推古式艺术'这一假说的有力证据，内心无比欣悦。只是当时由于不得已的原因，我无法长时间滞留此地，因而未能研究这些自己的发现，这是我深深抱憾的一件事。此外，大同府附近还有两三处相传是北魏遗址的地方，然而不幸的是，我错失了亲往考察、探究其真伪并与石窟寺建筑进行比较的良机。此处记述下的，只是石窟寺建筑之概要，至于详细周密的研究等，若非他日再次探访，则无法实现。

此外，在第一章里又做了如下记述：

据《魏书·北志》记载，北魏发源于黄帝轩辕氏，其子孙被封后居住在北方。因国内有一座大鲜卑山，故而又号称鲜卑。风俗纯朴，无文字，刻木结绳以记事。追逐水草而迁居，靠射猎为生。

关于大同石佛雕刻的设计与传统，即使时至今日，诸家见解也很难说已经取得了一致。不能说继伊东博士的犍陀罗起源说之后兴起的笈多起源说就是现在的定论，或许正是因此伊东博士所得出的最早的断言，今天依然是云冈石佛研究者们引以为调查考证的根据吧。在第一章结尾处，伊东博士做了以下论述：

我希望能把北魏时代的艺术史分为前后两个时期。前期自道武帝时期至献文帝时期大约一百年的时间，即平城时代。在这个时期，拓跋王朝尚保持着其固有的语言和风俗习惯，因而能够创造与汉人风格迥异的文物；后期则是自孝文帝时期至南北魏灭亡之间大约一百年的时间，即洛阳时代。在这个时期，拓跋王朝已经废弃了其固有的语言和风俗习惯，万事万物皆效仿汉人。

39　葱岭：即帕米尔高原。——译者注

正因为如此，前期的艺术形成了尚未融进汉族要素的西域风格（即犍陀罗风格），西方古典情趣比较显著；后期的艺术则是在西域风格和西方古典情趣之外，似乎又融进了几分汉族风格。前者以位于大同附近的云冈的石窟寺为代表，后者以洛阳附近的龙门的石窟寺为代表。可以说，云冈石窟寺在东洋艺术史上的位置正在于此。

下面这份伊东博士所列的佛教美术系统图，长期以来已经成为这个领域的研究人员的指南针。

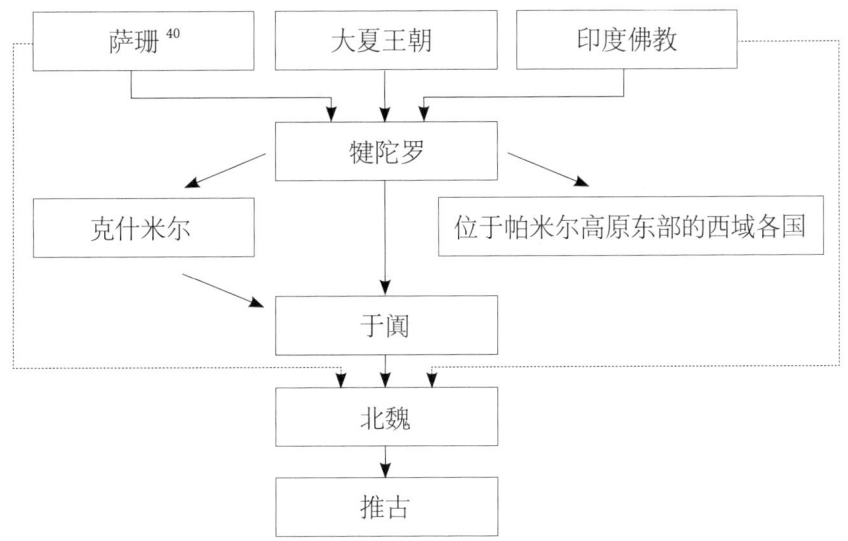

此外，伊东博士很早就对云冈各座石窟上所运用的建筑手法细致地考察了其渊源，并阐明了其中来自希腊和印度的影响及对中国固有建筑手法的继承。

沙畹，《华北考古记》巴黎，1909—1915 年。（E. Chavannes, *Mission archéologique dans la Chine septentrionale*, Paris, 1909—1915）。

爱德华·沙畹（Edouard Chavannes，1865—1918）于 27 岁那年当上了法兰西学院的教授，37 岁当上了法兰西学会会员，是一位优秀的中国学学者。在中国考古学领域，1893 年左右曾研究汉代画像砖，1902 年远赴龙门考察石窟，1907 年又去考察了云冈的石窟，其考察的结晶就是前面所言及的两部大型摄影作品集的问世。不仅在欧洲的学术界，即使在我国，通过这部摄影作品集才知道北魏造像的存在的人绝非少数。在《云冈日录》里有多处频频引用自沙畹作品。

冢本靖《清国内地旅行谈》（《东洋学艺杂志》第 325 号，明治四十一年六月—

40　萨珊：萨珊王朝（226—650）是波斯在公元 3 世纪至 7 世纪的统治王朝，亦是波斯自阿契美尼德帝国之后的首次统一，被认为是第二个波斯帝国。

十月号）。从明治三十九年八月到明治四十年（1907）一月，作者前往河南、陕西两省尝试着进行了学术性考察旅行，此文便是关于考察的报道。此次旅行之初，关野贞博士也曾结伴同行。

冢本靖《续清国内地旅行谈》（《东洋学艺杂志》第330号—第460号，明治四十三年三月—大正九年一月）。

文章开篇就这样讲：

> 此次旅行于去年八月十四日从东京出发，游历了直隶、山西、河南和山东四省，于去年十二月二十八日回到了东京。

也就是说，此文记述了从明治四十二年（1909）八月到十一月之间的见闻。关于云冈的报道出现在续篇的《其三》里。（《东洋学艺杂志》第26卷第335号，明治四十二年八月发行）。

> 关于云冈石窟寺开凿的年代有两种说法，其一是神瑞年间（北魏明元帝神瑞元年相当于日本允恭天皇三年，即414年。即《大清一统志》中的《大同府》那一条《石窟寺注》里，引用《通志》记载曰"元魏建，始神瑞终正光，历百年而工始完"；其二是在《山西志辑要》里《大同府大同县祠庙陵墓》那一条下《灵岩寺注》里，记有'后魏高宗时，昙曜白帝凿石壁，开凿五所，镌佛像各一，高者七十尺，次六十尺'。《山西志辑要》里的这段文字收录于《魏书》卷114《释老志》里。很显然，这是因用自'昙曜以复佛法之明年（由于高宗复兴佛法是在兴安元年，因此，其翌年应为兴安二年），中略，昙曜白帝，于京城西武州塞凿山石壁，开凿五所，镌建佛像各一，高者七十尺，次六十尺，雕饰奇伟，冠于一世'一文。《大清一统志》里所引用的《通志》源于何处尚不得而知。如此说来，相信《魏书》一说似乎最为合理，即石窟寺开凿是在魏朝文武帝在位时的兴安二年。

> 龙门石窟的佛龛佛像上大抵都刻有标明建造年代的铭文，而在云冈，唯有其中的一个大洞窟里刻着'太和年间'字样的铭文，此外，在西部洞窟外面，有着文字已风化剥落难以辨认的铭文，在每座洞内刻着'道昭'字样的铭文。一共只有三处，此外再无铭文。

接着，文章又讲道：

> 那么，所谓石窟寺，是指包括这片山腰一带的洞窟在内的所有洞窟呢，还是仅指其中的一部分呢；同时，《山西志辑要》里所说的灵岩寺，又是指的哪些区域呢，这些都尚不明确。

然而，当初在此地似乎曾有十座寺庙，具体记载如下：

> 石窟十寺在大同府治西三十里（中略），一同舛、二灵光、三镇国、

四护国、五崇福、六童子、七能仁、八华严、九天宫、十兜率，内有元载所修石佛十龛。（《通志》）

石窟十寺壁立千仞。（《府志》）

若讲述一下此寺现状，则可见在山腰一带的洞窟中央画一条线，然后建造一座佛寺，这就被称为石佛寺或者大佛寺。洞前紧靠悬崖，并排建造四栋四层高的楼，前面设置客房、天王殿堂、钟楼、大门等等。这些建筑似乎是清朝顺治八年（相当于我国的庆安四年，即1651年）建造的，如此看来，那么久远的从前就已经有了这样的楼阁。

凿石开山，因崖结构，真容巨壮，山堂水殿烟相望，林渊锦镜缀目新眺。

本朝顺治八年总督修养量重修，其山最高处曰云冈，冈上建飞阁三重，阁前有世祖章皇帝御书"西来第一山"五字，康熙三十五年世祖章皇帝征幸寺中，赐御书庄严法相匾额。（《大清一统志》）

石窟寺东方的洞窟中最值得观赏的是位于抄纸场后面的一个大洞，里面有一座巨大的本尊和胁侍佛等一共三尊佛像，洞窟前面是用天然石刻制而成的佛塔，两座相对而立。此外，在这座东方十窟里面，还有在一座塔形基体上雕刻出的两座大洞，相当有趣。同时，在西方有数量众多的洞窟，其中一半洞窟露悬崖顶部，其余一半则被收进了民居院内。这里有形形色色生动有趣的大雕像和建筑形态。如果把这里的每座洞窟和佛像进行精确细致的研究，那么，对我国艺术起源于何处的问题定会迎刃而解，实在令我产生了无限强烈的兴趣。我相信，即使不是专业研究人员，有机会来到大同府的人，一定要抽出一天时间去参观一下这片巨大的、美妙绝伦的文化遗产。这样做绝对值得。事实上，我在当地逗留期间，为了去蒙古探险而来的理学士出口雄三君、理科大学学生丰原信一郎君以及上海同文书院的六名学生也顺路来此参观，诸位情不自禁发出了声声赞叹。

（顺便讲一句，上面所引用的资料，来源于已故木村贞吉先生编辑的《资料集存》。这本书乃东西建筑史资料的一部集大成，四六开本，从第一册到第六十册，同时还出版了菊型开本，从第一册到第五十一册，另外又加上了冢本博士所著《清国内地旅行谈》一册。冢本博士于明治四十一年远赴云冈一事，是资料抄录者在其中一座洞窟里看到了跟随冢本博士前往大同的木真口真藏先生在石窟内壁面上胡乱涂抹的留言才知道的。）

大村西崖《中国美术雕塑篇》（大正四年六月，佛书刊行会发行）。

大村西崖《元魏的佛像》（《东洋美术大观》第十三辑、雕刻之部。大正四年八月，东京审美书院发行）。

下面再次抄录一下后面那部著作的一半内容吧。

如今一睹灵岩石像中大约最古老的一座大石像的风貌，的确宛如唐代道宣律师所言，"唇厚目长颐丰，挺然大夫相"。其崇高雄伟之情趣在后世艺术中不复出现过类似作品，此种说法毫不过奖。特别是石佛寺东洞的大佛及其胁侍菩萨与佛寺西方的一座大洞里面的佛像，其面貌姿态又是别具特征，既非印度风格，又看不出汉人容貌的典型特征。第二洞下层以及第六洞的诸座佛像由于经历了后世修补涂画后颇失原来相貌的神采，相貌平和文雅，但亦如魏末高齐的诸座佛像，并不柔和，而是依然保持着昔日的面容。彼处第二洞上层以及第十二洞的各座佛像大抵如此。而在佛像衣服褶皱的雕法方面，最显而易见的特征则正如外崖大佛那样，衣领边雕有折线。这种风格在后来雕造的龙门宾阳洞各座佛像中，虽说相传为太和、景明年间所造，但及至魏朝末期，仍未再现。佛顶的形状因为肉髻过大而如同峨冠，在印度佛像中未曾见过相似例子。佛像座姿共有三种：结跏趺坐、双腿交叉而坐以及并腿而坐。结跏趺坐的佛像与印度及其后代的佛像并无太大不同，而并腿而坐的佛像与印度的倚像颇为相似，然而双腿交叉而坐的佛像则与印度的菩萨像之跏趺或者转轮圣王像的坐姿完全不同，倚像双腿交叉的佛像在魏朝末期高齐以后再不曾出现。这些特征想必是源于拓跋王朝的风俗民情吧。佛像双手姿势呈讲经说法手势以及合掌手势，仅这一部分与印度及其后世的诸座佛像相同。我还没有该以印契之定名相称的佛像，所谓印契虽说有之，但双手并非上下重叠在一起，而是前后相叠。由此亦足以证明，灵岩的佛像并非出自印度的蓝本。这种手势也在魏朝末期后消失，不复出现。

这也可算作是灵岩佛像的特征之一。只是，这种既非印度风格又非汉人容貌姿态的特征意味着什么呢？也就是说，若非拓跋王朝理想中的大丈夫风貌又是什么？我们曾经考察过原来魏朝佛像的由来，起初试图从印度古代佛像中寻找答案而不得，仍寄希望于中亚的出土文物，以为纵使龟兹、于阗的文物与犍陀罗的作品或许相似，但从敦煌以及高昌等故地未必一定能够寻到其与犍陀罗式或原来魏朝式的佛像之间的关联，并非如此，近年来斯坦因以及西本愿寺的出土文物主要都只是显示中国文化向西方传播的，因而终究没有发现中国佛像蓝本来自西方的线索，因此，才在此得出如下见解：原来魏朝佛像的样式完全是按照拓跋族的理想而雕造的。只是开凿石窟一事是在此之前先在印度开始的，在印度阿旃陀就有公元一、二世纪建造的石窟寺庙。想必是模仿彼处石窟寺庙而开凿的吧，正因如此，由苻秦、北凉和拓跋等胡人开始开凿了鸣沙、三危等西陲之地，之后逐渐延伸到代都。

汉人的文物和势力来历显赫，虽然五胡强大的武力一时曾经常取胜于汉人，但没过多久仍然被悉数汉化。及至孝文帝、太和年间将末朝之都迁到洛阳、拓跋族将姓氏改为元时，已非昔日强大的五胡了。因此，灵岩的拓跋佛像的模式未能长久保持其特色，不久即被后世之风浸染改变，以至于传入我国时，已经形成了所谓的推古王朝模式的风格了。这就是根据灵岩的拓跋佛像的模式以及龙门的太和景明时期的风格创作并逐步加以改变的魏末高齐时期的佛像模式。也正因此，灵岩的诸座佛像中，其后的时代所造佛像与开始时创作的佛像风格志趣迥异者亦非少数。等等，不一而足。

松本文三郎《中国佛教遗物》（大正八年，大镫阁发行）。

松本博士于大正六年与羽溪了谛先生一起游历了山西云冈。本书里曾在多处引用过此文，因此不再重复引用。

关野贞《西游杂信（上）中国篇》（《建筑杂志》第32辑第384号，大正七年十二月；第33辑第393号，大正八年九月；第34辑第397号，大正九年一月。）

关野贞《西游杂信（下）关于印度佛教艺术》（《建筑杂志》第34辑第440号，大正九年二月。其后，此文的一部分经过修改后被转载于阿尔斯出版社发行的《美术讲座》上）。

上述两篇文稿均被收进了今年（昭和十三年）九月由岩波书店出版社发行的《中国的建筑与艺术》（《关野博士论文集》第四卷）。后面那篇文章的部分内容在拙作《大同石佛杂话》中曾引用过。而在前面那篇文章里，仅《云冈与龙门》一章就采用了十一页的篇幅。然而，其内容大体也仅限于云冈石窟与龙门石窟的比较概论，而并未就具体项目进行阐述。

关野博士是奉政府之命从大正七年二月起到翌年四月进行了在朝鲜、中国和印度的大规模长期旅行。上述两篇文章即为记述了旅途见闻及其考证的内容。

陈垣《记大同武州石窟寺》（《东方杂志》第16卷第2、第3号，民国八年二月及三月，大正八年，1919年）。

作为近代中国对于云冈的记录文献，这篇大概是最早的。据近日某报所刊登的山本实彦先生的文章所讲，陈垣乃中国文学界的一方诸侯。上述报道称陈垣的职位为众议院议员。此外也曾从《魏书》中的《帝纪》《释老志》以及《水经注》《续高僧传》《大唐内典录》和《雍正朔平府志》等文献中分别引用了些许内容。

贝尔契斯基[41]所著的《中华景观》（*Von Chinas Gottern*，Munchen，1920年）关于云冈的记述篇幅由179页到217页。

木下杢太郎、木村庄八合著《大同石佛寺》（大正十年，中央美术社发行）。

新海竹太郎、中川忠顺合著《云冈石佛》（大正十年九月，文求堂及山木照相馆发行）。这是一部印数仅仅限定为300册的配有书帙的图谱，里面收进了200幅照片，皆

41　贝尔契斯基(Friedrich Perzynski)：德国汉学家，1920年不仅出版了《中华景观》，也出版了《中国圣城》，极具史料价值。

第六十二幅插图　云冈石窟、西方一座小窟雕刻燃灯授佛记图

为山本先生所拍摄。书中序言有两种，日文序 2 页，英文序 3 页。序言里这样讲：

> 似乎可以说印度窟寺的造法在东渐过程中已经失去了殿堂式的景象而收缩成了这种洞窟式的佛龛形式，然而，正如这种洞窟传播了中国式特色一样，雕像的样式上虽然体现了印度风格，但仍然可以窥见其中的汉族人种的本色特征。毕竟，这里不曾失却中国艺术的特色，等等。

常盘大定著《走向古贤的遗迹》（大正十年，金尾文渊堂发行）。

常盘博士于大正九年比我们稍晚一些的时候，在十月十一日前往云冈。有关记录收在该书第 141 页到 150 页里，下面从中摘录一段：

> 北魏压制佛教运动始于宰相崔浩的计划，而彼时太武帝不过年仅 30 岁。这位幼时即位的皇帝登基时年仅 8 岁，即位翌年接受崔浩建议而拜道教达人寇谦之为天师。从此以后，崔浩的想法便通过皇帝来实行。由于是当朝皇帝，所以，压制佛教运动被称为武帝废佛，然而，将责任全部推委到皇帝身上并不妥当，更何况在已经明确知道能够随心所欲地操纵皇帝的人显然存在的前提下呢。在文成帝的诏书里，"有司失旨，一切禁断"一句，是指宰相崔浩以下的官员。这部诏书里面，忏悔赎罪的意图不是一目了然吗？
>
> 如此看来，云冈石佛的建造蕴含了忏悔和追思怀念先祖这两个动机，且二者同样真挚。这种艺术，不仅仅是艺术，在艺术的深处，浸透着深挚真诚的信念，蕴含着深切的情感。而恰在此时，五个外国僧侣艺术家远路而来，并且，这五个艺术家都是曾经亲眼见过印度佛像窟寺的经验丰富的行家。

第六十三幅插图　犍陀罗窟雕刻燃灯授佛记图

这也正是成就了云冈石窟流传千古的佛教艺术的原因所在。石佛也是一份可以从反面证明压制佛教事件的证据，是一个以其雄壮、宏大来向世人揭示压制佛教运动之惨烈与残酷的资料。

同年二十月二十一日，我们打算去龙门，却遭到了县衙门官吏的阻挠（我曾于大正六年参观过龙门石窟，仅仅三个小时）。然而，常盘博士则于十一月九日到达了龙门。这是依靠强烈的信仰才实现的愿望。

小野玄妙《远东的三大艺术》（大正十三年，丙午出版社发行）。

此书从第21页到118页题为《云冈的石窟寺》，主要是阐述了云冈石佛的内容（特别就云冈石佛与敦煌千佛寺佛像之间的关系进行了论述）。

细说起来，关于大同这些佛像，我亦从几年前就开始了探讨。然而，我的想法和前面提到的各位同行的见解完全不同，认为从历史研究的角度进行推断的话，那么它既不是南方笈多流派的艺术，也不是北魏所独有的艺术，而应该是受到西方犍陀罗艺术的影响经由西域传来的、所谓的大陆系统的艺术。在此，从历史背景分析，是根据当时各国高僧彼此往来的交通位置以及西方文化东渐的事实；同时，从造像方面剖析，则佛像的头发、背光和台座等都极大程度地显示了与犍陀罗艺术风格如出一辙的脉络。确认了这些特征后，姑且提出自己的主张。关于这项主张，我是尝试着如此思考的——关于大同佛像与印度风格的造像之间的关系，首先阐明在印度佛教史上看，现存的遗物大抵是笈多王朝以前或者笈多王朝之后所造，因此，不可能存在成为大同佛像之造像蓝本的东西，然后指出二者之间的关联极其稀薄。……

……不仅如此，去年夏天我受高楠先生的指导去敦煌石窟考察佛像之际，已经获悉伯希和[42]先生所讲过的此处第一一一窟里面的佛像根本就是造就了这些大同石佛的先行样板，因此，在过往考察的基础上，又加上了最近刚刚获得的这些新知识，在这里再次对北魏时代所造的大同石佛进行了大致的观察，从而下定决心尝试着最终下了结论——正如伊东博士最先主张的那样，大同石佛可以说是犍陀罗佛教艺术的延伸。

并且，之所以断言大同佛像作为犍陀罗佛教艺术的延伸继承了于阗、龟兹、高昌和敦煌等西方大陆系统的文化，模仿其造像风格而创作，是因为目前可以列举出大约五条理由。

归纳起来如下：一、窟寺结构一致。二、佛像雕造手法一致。三、造像题目一致。四、祈祷者的信仰一致。五、列举史实。

对第三条加以说明，现摘抄如下：

……在石窟里面壁面上雕刻佛图，这一点在阿旃陀等石窟亦有先例。然而，观及《燃灯授佛记》（儒童菩萨本生），则都是具备了犍陀罗以及西域一带所独有的特别的风格。也就是说，不仅从犍陀罗地区的秣菟罗、桑噶、西克里、萨里·巴罗尔及其他地区发现的大多数造像上皆有此图（J. Burgess《西部印度考古学》伏舍《犍陀罗美术》），而且在西域高昌地区发现的佛窟壁画中亦有同一题目的精彩的画像（格伦韦德尔《印度佛教美术史》，Fig, 79a）。然而，这些画像在南印度的窟寺中遍寻不到同样的例子，而且，偶然在目下的大同里的一座石窟里得以发现，那么，加上前面两条理由，足以证明这里的佛像乃犍陀罗佛教艺术的延伸。

此外，作为一项历史性事实：

首先要看一下魏朝建国的历史。魏朝在统一中国北方时，将凉州以及敦煌一带的领土收进了其势力范围内。当时，在凉州就有了蒙逊建造的佛龛。当然，那些佛龛与敦煌的佛龛相去不远，因此，北魏雕造佛像的工匠若寻找蓝本，那么不来此地又何往呢？并且自东晋以来，以法显、智严等为首的僧侣，前往印度者，十有八九都要经过西域进入犍陀罗，那么，参拜四大本生塔以及号称当时天下第一的雀离佛图和那竭的佛像，进而皈依，这定是必然的事实。而当时的造像于凉州敦煌等地是直接、于犍陀罗地区则是间接受到了影响，这也是必然的事实。

小野玄妙使用了"大陆系统的文化"一词，而没有称之为"大陆系统的佛教艺术

---

[42] 伯希和（Paul Pelliot，1878—1945），法国中国文化学者，曾到敦煌涉猎大量文物，著有《敦煌千佛洞》等。

形式"，其本意几乎就在于此。或许换称"北方系统"亦无不可。我想，这个概念今后若采用将相当方便。根据小野玄妙的见解，可以明确认定云冈与敦煌二者在造窟造像的形式上有许多相似之处。不过对伯希和编号排列的敦煌第一一一窟的开凿年代并未能进行考证就直接将其认定为云冈石窟的样本。尽管这第一一一窟构造样式与云冈石窟极其相似，然而，其开凿时间究竟是早于云冈还是与云冈几乎同时动工，或者是晚于云冈呢？必须把确定这个问题作为考证方面的第一个问题。关于这个问题，请参照即将在后面引用的大口理夫先生所著《云冈石窟像的塑造性倾向》一文。

借此机会，附上小野先生最近通过斋藤菊太郎先生对摘抄者所做的指教吧。这是关于云冈石窟里面的降魔像的内容（参见第一○七幅图片）。小野先生讲，记不清降魔像究竟在云冈的第几座石窟里了，大约是在沙畹所排列的第二窟吧。此后查阅了一下引用过的水野清一先生所著《云冈石窟调查记》，果然就是第二窟。无论如何看，这座云冈的降魔像，从佛像形式学的角度看，其起源应属相当初期阶段。面对降魔像，释迦摩尼通常是将右手向下伸出来，手掌朝外。这就是所谓的降魔标志。在阿旃陀一带的降魔佛就是以这种形态出现的。敦煌第一三五窟的开凿年代虽然繁多，但亦呈现了同样的标志。（伯希和著《敦煌千佛洞》）在这些雕像中，手背是面向外侧的，而后世的降魔佛像一定都采用了上述形式。然而，云冈的降魔佛都结了施无畏印，这也说明佛像雕造于印契尚未确定的时代。正因为如此，不能断言说这是结了施无畏印的佛像。同时，这种结了施无畏印的佛像，作为一个古老的例子，当推南方印度的阿玛拉瓦蒂（Amaravati）的佛像（乃公元3世纪或4世纪的作品）[阿勒伏海·伏舍著《佛教艺术的早期阶段》（*Beginnings of Buddhist Art*），由L.A.托马斯修订并翻译，巴黎&伦敦，1917.P1.IV]。在伏舍的同一部图谱中收进了年代向后推移的笈多时代风格的贝拿勒斯（Benares）的降魔像，在这些佛像中，如前所述，手是下垂着的。由此可以推测，云冈的降魔佛传承的是古代风格。小野玄妙曾讲过，云冈的石佛并非是受了笈多艺术的影响，而是受到了比笈多更古老的西域风格的影响。这一见解，在这些降魔像中也获得了一项证据。

奥斯瓦尔德·喜仁龙[43]（Osvald Sirén）深感忧虑。"唯有洋式或半洋式的新式建筑，才敢高耸于这些古墙之上，像一个傲慢的不速之客，破坏了整幅画面的和谐，蔑视着

43　奥斯瓦尔德·喜仁龙（Osvald Siren，1879—1966）瑞典人，美术史家、汉学家。曾任瑞典斯德哥尔摩大学美术史教授。20世纪初赴美国耶鲁大学、哈佛大学和日本讲学。20世纪20年代至50年代多次访问中国。1921年，喜仁龙得到当时民国政府的特许，考察了北京的城门与城墙，并在溥仪的亲自陪同下，进入故宫进行实地勘察和摄影，成为少数几个获准进入颐和园、中南海和北海等皇家园林进行考察和摄影的外国学者之一。考察的同时，喜仁龙也毫不掩饰他内心深处对城墙保护前景的深深忧虑。他在1924年出版的《北京的城墙和城门》曾明言："唯有洋式或半洋式的新式建筑，高耸于这些古墙之上，像一个傲慢的不速之客，破坏了整幅画面的和谐，蔑视着城墙的庇护。"

城墙的庇护。"这是他在 1924 年出版的《北京的城墙和城门》中所言。

奥斯瓦尔德·喜仁龙在他所著的《五世纪到十四世纪的中国雕塑》（*Chinese Sculpture: From the Fifth to the Fourteenth Century*）著作中，介绍了多达 900 件以上的石雕、铜雕和漆器等中国文物，并附上了照片和详细的说明文字。

《北魏时代》（*Northern Wei Dynasty*）（第 1 卷第 8 页至第 20 页。第 2 卷第 17 至第 74 幅图片）的内容是有关云冈石佛寺的介绍以及图谱，以其图片尺寸之大和摄影技术之高超而著名。对所有洞窟都做了相当详细的记述（图片解说），卷首登载了关野博士以及伯希和所赠文献的致辞，在记述内容以及平面图方面，可以窥见该书引用自关野博士著作的内容较多。

关于石窟开凿年代，据《山西通志》介绍：

> 摘自《山西通志》（引自沙畹，《华北考古考察图谱》，第二部分）这些石窟建于神瑞时期（414—415），完工于北魏正光时期（520—524）。然而，保存下来的雕塑只记载说造于公元五世纪，而没有标明具体年份。对于世祖的废佛之举文中也曾这样提及：

> 到了大约公元 450 年，佛教势力开始强劲地苏生，尤其是获得了北魏文成帝（452—465）的巨大帮助，他曾下诏复兴佛教。因此，云冈石窟中的许多座石窟极有可能是这个时期宗教复兴热潮最直接的成果。

此外，还就东方第三窟的特质做了下述评价：

> 除了这些重要的雕像之外，其他雕像都已经在后期被补填过，例如，第三窟里的那些雕塑都清晰地显示出了隋代工艺的特征。[常盘大定、关野贞合著《中国佛教史迹评解》（大正十五年，佛教史迹研究会刊行）]。

这是对博大浩繁的大图谱《中国佛教史迹》所做的注解。

特别是关于云冈石佛，上述《中国佛教史迹评解》中的第二篇文章（第 24 页）《山西云冈》的记述内容是迄今为止同类文章中最可信赖的。其中那些重要的项目我都摘录在了本书《云冈佛龛的名称》中备考栏里。常盘与关野二位先生把东方的大窟命名为"云冈第三窟"或者"隋朝大佛洞"，并以此认定是隋朝所造，这一点前面已经引用。

然而，实际上是否真的如二位所言呢？这是一个尚不能决断的问题。

梁思成、林徽因、刘敦桢三位学者曾对此提出疑问（后面将详细引用其文），我认为这个疑问非常有道理。

关于常盘与关野二位先生所讲的第十一窟（沙畹所言第七窟）中的太和七年的铭文，本书里已经记述了，因此，只引用一下二位记录了发现该铭文过程的文字：

> 东壁上方的造像铭文是在大正八年九月大同的古钦明先生携带望远镜前去参观时偶然发现的。古钦明先生制作了拓本后才在世间引起广泛瞩目。然而，

工学博士冢本靖先生早在明治四十一年（1908）就已经发现了这处铭文。此外，早崎梗吉先生于明治四十二年八月也曾前往该地拍摄的照片上，可以清晰地看到面对上方右侧明显刻着这座造像的铭文，同时，左上方所刻的"大势至菩萨、观世音菩萨"的铭文也清晰可辨。早崎先生识别出那是太和七年的文字，并嘱咐寺僧制作拓本，然而终究未能得到。这样，由于冢本先生和早崎先生均为制作拓本，以至于到古钦明先生发现为止，长期以来一直不为世人所知。

另外，在常盘与关野二位先生所讲的第十八窟"立三佛洞"（沙畹所言第十五窟）中，大正十四年（1925）十月，居住在北京的岩田秀则先生发现了太和十三年的铭文。那处铭文位于窟内上面窗户东侧窟壁下方，离地高四丈。铭文如下：

大代太和十三年，岁在己巳，九月壬寅朔十九日庚申，比丘尼惠定，身禺重患，头愿造释迦多宝米勒像三具，愿患消除，愿现世安稳，戕行福利道心日增，誓不退转，以此造像功德建及七世父母，累劫诸师，无边僧众，咸同斯庆。

关野贞著《论云冈石窟的年代及其风格起源》（后来收进关野先生的博士论文第四卷《中国的建筑与艺术》）。

该论文是根据关野先生在大正十五年四月十五日举行的建筑学会创立十周年纪念特别大会的讲演会上所做的讲演速记而成的。著《中国佛教史迹》第2卷（与《解说》同时出版）的出版发行是在大正十五年四月十七日，因此，《解说》应该比这次讲演脱稿要早。实际上这篇讲演稿其主旨与《解说》所言相同，而且比《解说》更为简略。

滨田青陵著《从云冈到明陵》（《佛教美术》第6册、第7册及第9册，大正十五年五月、八月、十二月发行）。

明治四十四年（1911年）九月，滨田先生与狩野、内藤、小川和富冈几位先生一起，为了考察在敦煌发现的古代经书而前往北京，滨田先生与小川博士顺便一起去了一趟龙门。此后，大正十四年九月，滨田先生再次前往中国，这一次和太田喜二郎先生和原田淑人先生等一起去参观了云冈。下面的一段文字便是这次云冈之行的记录。从大露佛到西方第八座小窟里刻有两尊佛像的顶端发现了铭文。年号以及其他主要部分几乎全部模糊不清，十一行中只有下面数十个字能够辨认出来：

○○事大……幽○○惟中○○○一○……一○后○兴○……一○……一故节……一○实汾……一如此在○尝……一○此福使亡妻○○更……前光母四体休罪业……调……一○○老李自愿门一○……丰○用之

《东洋历史参考图谱》第五辑解说（东京历史参考图谱刊行会发行，大正十五年，石田干之助、国下大慧编纂）。

梁思成、林徽音、刘敦桢《云冈石窟中所表现的北魏建筑》（《中国营造学社汇刊》

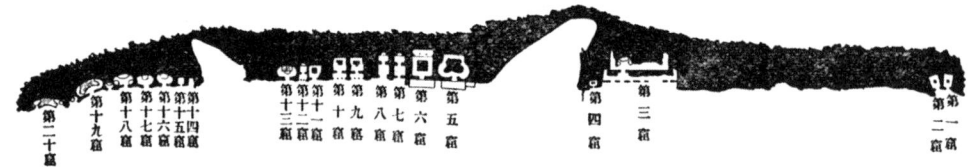

第六十四幅插图　云冈石窟平面图（由关野博士绘制）

第4卷，第3、第4期合刊本，民国二十二年，即1933年，中国营造学社刊）。

这篇论文大约是出自中国年轻的建筑学者之手吧，文章内容不十分详细，可以看作是受到了伊东博士、关野博士研究的启发。

这篇论文里，有一部分是对东方大窟（关野博士等学者所说的"隋大佛洞"）所阐发的评论，在此引用如下：

> 我们认为最稀奇的是东部未竣工的第三洞。此洞又名灵岩，传为昙曜的译经楼，规模之大，为云冈各洞之最。虽未竣工，但可看出内部佛像之后，原计划似预备凿通，俾可绕行佛后的，外部更在洞上崖上，凿出独立的塔一对，塔后石壁上，又有小洞一排，为他洞所无。以事实论，颌疑此洞因孝文帝南迁洛阳，在龙门另营石窟，平城（即大同）日就衰落，故此洞工作，半途中辍，但确否尚需考证。以作风论，关野、常盘谓第三洞佛像在北魏与唐之间，疑为隋炀帝纪念其父文帝所建，新海、中川合著之《云冈石窟》竟直称为初唐遗物。这两说未免过于武断。事实上，隋唐皆都长安、洛阳，决无于云冈造大窟之理，史上亦无此先例。且即根据作风来察这东部大洞的三尊巨像时代，也颇有可疑之处。
>
> 我们前边所称，早期异国情调的佛像，面容为肥圆的，其衣纹细薄，贴附于像身（所谓湿褶者），佛体呆板、弹硬，且权衡短促，与他像修长微笑的容貌、斜肩而长身，质实垂重的衣裾褶纹，相较起来，显然有大区别。现在这里的三像，事实上虽可信其为云冈最晚的工程，但相貌、衣褶、权衡，反与前者所谓异国神情者，同出一辙，骤反后期风格。
>
> 不过在刀法方面观察起来，这三像的各样刻工，又与前面两派不同，独成一格，这点在背光和头饰的上面，尤其显著。
>
> 这三像的背光上火焰，极其回绕柔和之能事，与四部古劲挺强者大有差别，胁侍菩萨的头饰则繁复精致，花纹更柔圆近于唐化气息（论者定其为初唐物或即为此）。佛容上，耳、鼻、手的外廓刻法，亦肥圆避免锐角，颈项上三纹堆叠，更类他处隋代雕像特征。
>
> 这样看来，这三像岂为早期所具规模，至后（迁洛前）才去雕饰的，一种特殊情况下遗留的作品？不然，岂太和以后某时期中云冈造像之风暂敛，至孝文帝迁都以前，镌建东部这大洞时，在佛像方面，有指定的印度佛像作

模型镌刻。关于这点，文献上既苦无材料帮同消解这种种哑谜。东部未竣工的大洞兴造年代与佛像雕刻时期，到底若何，怕仍成为疑问，不是从前论断者所见得的那么简单"洞未完竣工"。近年西次洞又遭击毁一角，东部这三洞，灾故又何多？

我们也认为梁、林、刘三位学者的疑问言之有理。关野博士等学者所言"隋炀帝为其父文帝造此三尊大佛，亦欲在东部为其母后造同样的佛像……或许，造佛工程就这样遭到中止的厄运"这一推断，的确未免过于武断。

说这三座大佛是隋朝或者唐朝的作品，或许是因为它们与龙门奉先寺的大佛等相似才这样推断的吧。然而，不查阅、钻研文献，仅凭外观的相似与否来展开论断毕竟是近乎空想。首先应该把疑问原样提出以待后日解决，或许，除此以外别无他法吧。

也许不是任何人都能够马上看到这本杂志，所以，为了介绍几位中国年轻学人的见解，在此在从梁思成、林徽音、刘敦桢三位的结论中再引用一部分。也就是说，正如文章行文措辞所表达的那样，该文也大体上反映了在我国所推广的见解。

……佛像的容貌衣褶，在云冈一区中，有三种最明显的派别。

第一种是带着浓重的中印度色彩的，比较呆板僵定，刻法呈示左摹仿方面的努力。佳者虽勇毅有劲但缺乏任何韵趣，弱者则颇多伧丑。引人兴趣者，单是其古远年代，而不是美术的本身。（这大概是指大露佛等造像吧，言其"不具美术性价值"未免是无稽之断。）

第二种佛容修长，衣褶质实而流畅。弱者质朴庄严，佳者含笑超尘，美有余韵，气魄纯厚，精神栩栩，感人以超人的定、超神的动，艺术之最高成绩，苍萃于一痕一纹之间，任何刀削雕琢，平畅流丽全不带烟火气。这种创造，纯为汉族本其固有美感趣味在宗教艺术方面的发展。其精神与汉刻密切关连，其中印度佛像，反疏隔不同旨趣。（这里的"烟火气"指的是妖媚性感之态吧，这里的"第二种"指的是哪座佛像不得而知，然而，的确存在可以这样评价的佛像。）

飞仙雕刻亦如佛像，有上面所述两派大别，一为摹仿，以印度像为模型；一为创造，综合模仿所得经验，与汉族固有趣味及审美倾向做新的尝试。

这两种时期距离并不甚远，可见汉族艺术家并为奴隶于摹仿，而印度犍陀罗刻像雕纹的影响，只做了汉族艺术家发挥天才的导火线。

云冈佛像还有一种，只是东部第三洞三巨像一例。这倾向是时代的还是主刻者个人的，却难断定了。

另外，谈及云冈石刻中的建筑风格，该文又讲：

大部为中国固有方式，并未受外来多少影响。不但如此，且外来物同化于中国，塔即其例，等等。

《震旦旧迹图谱·云冈石窟》（大正八年，1933年[44]，东京青山照相馆）。

山本明先生曾长期在北京经营照相馆。大正九年（1920），山本先生随后追赶着我们也到了云冈，在那里拍摄了数十幅图像清晰鲜明的照片，其中的三十幅曾转载在我们的《大同石佛寺》一书中。其后，山本先生再次前往云冈，又拍摄了二百六十余幅照片。八年[45]以后开始回到东京居住，今年乔迁到了东京府[46]下辖的吉祥寺640号。这次本书所采用的图片都是再次复制的山本先生的摄影作品。山本先生于昭和八年（1933）出版了《震旦旧迹图谱》，其中，关于云冈石窟一部分收进了一百种照片。佩在此书的附录上，刊载着伊东忠太先生所作的序言和田边泰先生所加的注解。

水野清一著《六朝佛教艺术中所体现的汉代的传统》（《东洋史研究》第1卷第4号，昭和十一年四月，东洋史研究会发行）。

该文指出，在北魏和隋朝（300年至580年）的艺术形式中，在受印度和西域的影响而发展起来的佛教艺术上也蕴含着许多汉代以来的中国艺术的传统。其中，在佛寺建筑（特别是佛塔）以及佛像（特别是附加在佛像上面的天盖、狮子和方形火炉）上可以确认许多来自中国古代传承的影响。

关于这个问题，水野先生所引用的日本国内最近发表的论文有下述几篇：

滨田耕作博士著《论法隆寺建筑风格与中国汉代、六朝的建筑风格》（发表于为祝贺内藤博士花甲大庆而出版的中国学论丛上）。

滨田耕作博士著《中国六朝的石窟寺与法隆寺的塔》（《梦殿》第10册）。

大谷胜真先生著《关于中国佛寺建造的起源》（《东洋学报》第11卷）。

伊藤清造先生著《佛塔的起源》（收录于《中国的建筑》）。

田中丰藏先生著《中国佛寺的原始形式》（《美术研究》第16号）。

水野清一先生在结论一节里这样写道：

> 总而言之，综上所述，如果承认在作为佛教艺术中枢的佛塔建筑及佛像庄严的艺术风格方面根深蒂固地继承了汉代的传统，那么，或许就可以说，在六朝佛教方面相当大程度地保持了汉代的传统。不，或许是我们可以再次确认一个事实——六朝佛教艺术是在汉代艺术的基础之上发展起来的一种新的艺术形式，等等。

水野清一著《关于云冈昙曜五窟》（《中国佛教史学》第1卷第2号，昭和十二

---

44 此处原文为"大正八年"，而实际上"大正八年"应为1919年，昭和八年才是1933年。后面提到了相同的内容，由此可以断定原文的年号"大正"应为"昭和"之误。——译者注

45 此处"八年"想必是"昭和八年"，即1933年。——译者注

46 昭和十八年，即1943年7月1日，日本废止了"东京市"和"东京府"这两个行政区划单位，而改为"东京都"，沿用至今。

年七月）。

该文称云冈石窟开凿始于和平元年至和平末年（460年至466年），第十六洞至第二十洞即为彼时所凿。这五座石窟开凿之时，石窟的构造尚未定型，每座佛像亦无重复，其样式风格虽然尚在竣工途中，但是每座都充满个性。比起石窟的构造来，似乎在雕像上更倾注了主要力量，大佛尽最大可能地雕造着，几乎占满了石窟。从一座石窟整体来看似乎难免有失协调，但正处于蓬勃发展时期的拓跋族的强烈的造型意识反而可以由此窥见一斑。

水野清一著《北中国石窟构造论》（《史林》第23卷第1号，昭和十三年一月发行）。

在中国最早开凿的石窟似乎是在西陲之地敦煌。据说甘肃省敦煌千佛洞的开凿是在符秦统治的长始三年（353）或者建元二年（366）。接下来，北魏文成帝时，460年，山西省大同云冈的石窟寺开始凿建。北魏孝文帝迁都洛阳（493）之后，主要在洛阳附近的伊阙龙门建造了石窟。然而，在河南巩县、陕西彬县、甘肃泾川以至东北义县等地也有北魏时代的石窟。其中，北魏灭亡后，在天下相继分裂为东魏、西魏（535）和北齐、北周时代（550—580）之际，邺（河南临漳）和晋阳（山西太原）分别成为首都和陪都，在晋阳西部开凿了天龙山石窟，在邺都西部开凿了响堂石窟。同样，在从北魏到北齐时代，也相继开凿了山东济南黄石崖龙洞大佛寺和肥城莲华洞；而在两魏到隋代期间又开凿了宝山小石窟。在隋唐时代，以敦煌、龙门和天龙山为主，在山东龙云门山和驼山等地也开凿了石窟，特别是后者，隋唐所凿占多数。

从构造上来看，石窟可以分为两种：一种以尊像为中心，另一中以塔庙为中心。然而在云冈大窟里，尊像为主，石窟为从；而龙门大窟里则是尊像与石窟紧密地结合在一起。北魏的尊像石窟除了采用圆形圆顶的形式之外，在一些小规模的石窟中也屡屡可以见到方形平顶的尊像窟。由此可见，到了北齐时代，完全由某种截然不同的原理支配了石窟。平面上看虽然呈方形，然而，由于天井是截头角锥形的，因此，从截面上看，则呈梯形。

隋唐石窟共分为圆形圆顶和方形平顶两种形式。前者在隋代和初唐时期较为流行；后者（中尊雕有后壁）则造于初唐盛唐时期，可以确认这种呈方形平顶、群像中的主佛像造在院子里的东山诸洞的形式是在距此较近的时期出现的，或者稍早，或者稍晚。

在北魏石窟呈向心性，而北齐石窟则呈分散性。到了隋唐时期，开始了对抗那种分散性倾向的、某种程度的统一。

塔庙窟在云冈明显可寻。龙门石窟里没有塔庙窟，而在巩县虽然有，却是单层的，未能形成塔形。到了下个朝代，这些方柱在响堂山的北齐窟里被屡屡发现，至天龙山的隋朝石窟而终尽。

从塔庙窟到尊像窟的演变亦即从塔庙礼拜到尊像礼拜的变迁。这也呼应了寺院建筑从以塔为中心的伽蓝变迁到以殿堂为中心的伽蓝的推移。

塔庙礼拜是一种按照祠堂佛舍进行分类或者与佛教名胜古迹相关的信仰。在北魏时代大体以信仰佛身为主；而在北齐、隋唐时代的信仰里面，信奉佛身的要素逐渐减弱，这是由于每一面石壁的分立而分化成了四周诸佛。诸佛发挥各自的属性特点而转化成特殊佛，每座佛都形成了各自的一方净土，即转化成阿弥陀佛、弥勒佛、药师佛、卢舍那佛，等等，脱离了佛身而获得了超脱身形。唐代以后石窟的建造骤然衰退，而这决不是偶然发生的。

水野清一著《大同通信》（《考古学》第9卷第8号，昭和十三年八月，东京考古学会发行）。

水野清一著《大同再信》（《考古学》第9卷第9号，昭和十三年九月）。

前一篇文章没有读到，而后一篇的记述的内容是作者曾在云冈逗留了六十五天，于六月二十一日返回大同，之后考察北魏平城故地，在现在的大同城城墙内侧发现了绳文时代的粗陶碎片。

水野清一著《云冈石窟调查记》（《东洋学报》京都第9册，昭和十三年十月发行）。

从昭和十三年四月中旬到六月中旬的两个月里，水野先生与羽馆易、小野胜年（东亚考古学会的在华留学生）、米田太三郎（飞鸟园园主）和徐立信（拓本工匠）等一起对云冈石窟以及石佛进行了周密细致的考察，这篇文章就是对整个考察期间的见闻、活动与感想所做的记录。当时，晋北自治政府、驻屯军以及日本领事馆为这次调查提供了援助。

据水野先生讲，"石窟本身与十年前相比并无太大变化"，然而，"发生了变化的是，由于事变[47]爆发前就开始的云冈开化工程而建造的汽车公路、别墅和一片白色的医院房舍"，此外，另一个显著的变化就是"事变爆发后，当地居民的交通量减少了。石窟前门可罗雀，十分冷清"。

文中还写道，第五洞（第一窟）里面的"里面最深处的石壁与东西壁相连而成了一座圆形屋顶，而南壁则是独立的，由一面明显地凹向内侧的平面墙壁构成。大佛像背后有一条隧道，隧道里面有一排因为磨蚀而几近消失的浮雕列像。这似乎是从来没有被注意过的浮雕"。而实际上，这条隧道我们也曾钻进去过，但由于浮雕磨损程度太大，因而，既没有写生也没有做记录（《云冈日录》九月十九日）。

还有，由于佛传图而闻名的第六洞（第二窟）里面，除了素来广为人知的本生谭画像以外，还在下述各处有了新的发现：在十大方柱的四隅上发现了诞生前后的佛传图；在上方窗户左右两侧发现了描绘出家后图景的佛图（比如白马别离、树下思维等）；

---

[47] 此处的"事变"即指1937年7月7日爆发的卢沟桥事变。——译者注

在四周墙壁的中间层上发现了降魔成道与出转法轮等图像。"在佛的传记里面不曾被遗漏的涅槃像遍寻不到，而降魔成道图画却发现了两幅。"

发掘第九、第十洞（第五、第六窟）前面的地面时，发现了洞窟前面的成排的石柱的地基。据称，石柱的基部呈八角形，方型基座的正面刻着浮雕相映成趣；而侧面中部雕刻着一座香炉，两旁有猛虎相对而峙。云冈石窟不为人知的侧面渐渐地昭然于世了。

在谈及第九、第十洞（第五、第六窟）这一部分时，该文记述如下：

> 目前尚不能确认开凿石窟之际前方是否有建筑物。起初我们认为没有，然而，现在却认为或许曾有什么建筑物存在，等等。

第十一洞里面有太和七年以及太和十九年的造像记。此外，在东西两侧的石窟群里，也有太和十三年、景明元年和延昌四年的造像记。最后那部分造像记是在这次考察过程中首次被发现的。

通过这篇调查记，我们了解到有下述三部介绍云冈的导游书已经出版了。

福岛圆明《大同一瞥与石佛》（活版四六版三九页，昭和十三年三月十日出版）。

桐谷幸昌《石佛与煤炭之城——大同》（誊写版，昭和十三年三月二十九日出版）。

上田守夫《云冈的石佛》（誊写版，同年四月二十五日出版）。

据说，福岛先生乃某部队的从军僧侣；桐谷先生为部队队长，大尉军衔；上田先生为少佐，当时任大同兵站支队长。

长谷川兼太郎《武州塞石窟》（《日本医事新报》第796号至第805号，昭和十二年十二月至昭和十三年二月）。

这一系列报道对每座云冈石窟都作了详尽的介绍，是一部难得的介绍资料。同时，在《鲜卑族与北魏朝代》一章里，还对北魏的兴衰做了考证。

大口理夫《云冈石窟像的塑造性倾向》（《画说》昭和十三年二月号，东京美术研究所发行）。

该文论述如下：

> 由于云冈石窟诸像乃摩崖佛雕，因此，属于石雕。这个当然没有必要加以强调，然而，在敦煌石窟里，虽然同样是石窟，但佛像为雕塑像，是雕好之后被安置在石窟乃至佛龛里面的，因此，这一点有必要先明确指出。
>
> 然而，在云冈我们也发现了有些地方多少也使用了一些黏土，这一点应当引起注意。具体说来，可举第十七洞里主佛弥勒倚像的衣服褶纹为例。这座佛像的着衣型态如同将平整的木板叠落在一起一样，是雕刻成断层状的，并且，每一层的边缘上都被打穿了距离相等的小孔。可以推断，似乎是在这些小孔上插进一根根支柱，在每一层的边缘上堆起黏土，以此来描画衣裳褶皱的隆起吧。想来这不是和巴米扬的石佛出自同一手法吗？……

我认为，在云冈石窟开凿之时，最初，工匠们无论在理念上还是在技巧上或许都有塑造性倾向；而实际上，开始实地挥凿造像后，不知不觉地开始自发性地转向了石雕性手法。我总是会情不自禁地去这样推想那些工匠们挥凿雕凿时的情景……

大口理夫《六朝石窟寺院里佛龛的盛衰》（《考古学杂志》第28卷第10号，昭和十三年十月发行，考古学会）。

该文谈到：

据建造于唐代武周圣历元年（698）的大周李君修功德记（可断定为在千佛洞第一一一号石窟里发现的石碑）记载，敦煌的千佛洞是在前秦建元二年（366），僧侣乐尊首先开凿了一座石窟，接着，法良禅师也建造了一座石窟。又过了一段时间后，又出现了建平王东阳王建造的石窟，此后，到这方石碑立起时为止，开凿工程从未中断过。如果，碑文记述确凿可信的话，那么，可以说敦煌千佛洞乃中国石窟之起源，即使是同属六朝时代，仍远远早于北魏和平年间之后开凿的云冈石窟。

该文又道：

尽管如此，关于敦煌第一二〇N窟乃至第一一一窟、第一一一A窟以及其他石窟是否能够追溯到乐尊时代，还有待后日进行考证。虽然尚不能断定，但有些地方也许是北魏时代所造。换言之，是否可以推断敦煌石窟是与云冈石窟并行建造于同一时期呢。如此，敦煌石窟的起源虽早，但若对石窟一座一座分别比较的话，也不能断言敦煌石窟里的六朝式石窟一定早于云冈、龙门的石窟。……

虽说如此，我们还是应该认识到，敦煌毕竟是由西域进入中国内陆的门户，因此，作为其地方特色，敦煌石窟比其他地区更深地受到了浓郁的西方艺术风格的影响。换言之，通常可以认为这里的六朝式石窟即使在时间上晚于云冈、龙门的石窟，也仍然更接近西方的原型。从这个意义上看，回望一下佛龛的东渐这一课题来考察，那么，首先关注这座石窟才是正确的先后顺序。同时还应看到，实际上这里的石窟里的佛龛比云冈和龙门等地的石窟更准确地传承了西方的原型。

理由之一是，当举佛龛丰富的服饰这一点。其二是，佛龛、特别是石窟全貌确保了建筑性意义，因此，在表现手法的意义上没有和雕塑型佛像造成混淆。佛龛保持了独自的特色，而在佛龛的这个特征里，印度地区的特色明显可见。……

由此可见，云冈石窟在某些地方也会展现出比敦煌石窟的建筑性设施更为复杂的地方，但这种建筑性设施的建筑性特征却相当薄弱，龛形相当匮乏制约佛像的力量，反而有被佛像的气势压倒的倾向。也就是说，在这里，佛龛绝不是早于佛像造出的，而是在雕刻完佛像的同时，佛龛的细节也自然而然地成形了。该文说，这样讲绝不为过。

此外，关于龙门石窟，该文又做了如下结论说：

> 在云冈石窟里，佛龛缺乏独立性，有时甚至处于被否定的位置。而与此相对，在龙门，佛龛似乎有被重新认识过的倾向。而依我一己之见，其主要原因在于龙门石窟具有石雕型倾向的。

这样一边摘录一边思考，我认为评论者的观点极有道理。只是印度人与中国人生活方式不同，在印度，由于气候原因，作为住宅，石屋石室必不可少；而在中国则无此必要。因此，或许只是按照印度的模式建造了石室吧，并且，也许在大窟前面还附加了木结构的建筑物吧。洞窟的穹隆形状颇不规则，这也许是因为从建筑物外观的角度上看，穹庐并非必要的结构部分吧。

云冈石窟里这种不十分讲究的造窟造像手法，或许在今天看来反而会给人留下充满原始活力的、艺术风格自由独特的美感。换一种讲法，可以说云冈石窟受到的建筑性这一实用角度的束缚相当少。这实在是出于一种纯真无邪的冲动才开始建造的，而其无拘无束的无规范特点，在今天反而给人以自由奔放之感。（参照第一〇八至第一一二幅图片）。

三上次男《从张家口到云冈》（《画说》昭和十三年八月号）。

这是记录了作者于昭和十二年一月从张家口到云冈的整个行程。

> 那天，到了傍晚也没有刮一丝儿的风。随大家一起登上了山岗，被一座后世建造的土墙围住的古城旧址在夕阳的映照下投下了一道浓重的阴影。仿佛是以这座古城为中心而建造的一样，四周的群山上，高耸的烽火台举目可见。同时，在那里，北魏时代的粗陶碎片零星地散落在地上，辽金时代的碎砖和瓦片俯身可拾。……

《大同云冈石窟寺古迹详志》（晋北自治政府民生厅，民国二十七年四月）。（民国二十七年即 1938 年。）

可以想象，这本石版印刷的小册子似乎是最近出版的诸如旅行指南一类的读物吧。书中事先做了下述介绍：

> 关于云冈石窟，日人研究甚详，著书甚多。现在根据小野玄妙的《远东三大艺术》分析如下。

此外，还有几部尚未受到瞩目的文章也一并列举如下。关于其发表年月，恕不一一详记。

田中萃一郎《关于云冈石窟的文献》（《中央史坛》）。

铃木浩《大同的石佛》（《中国》第 29 卷第 9 号，昭和十三年九月发行）。

同时，从中华图书馆协会丛书中的图学论文索引中还获悉下列论文的存在，遗憾且抱歉，恕不一一详记其发表年月。

袁希涛[48]《大同云冈石窟佛像记》（《东方杂志》第 17 卷第 4 号）。

婴行《云冈石窟》（《东方杂志》第 27 卷第 2 号）。

方山《大同云冈石窟》（《南大半月刊》第 1 卷第 10 号）。

谢国桢《大同石窟寺》（《国风半月刊》第 5 卷第 6、第 7 合期）。

赵邦彦《调查云冈石窟造像小记》（《国立中央研究所历史语言研究所集刊》第一本第四分册）。（第四分册，原文写为"第四分"，大约印刷时漏字。——译者注）

周鉴、周一良《山西石佛考查记》（《燕北学报》第 18 期）。

兑之《大同云冈石窟志略》（《国闻周报》第 6 卷第 42、第 43 期）。

48　袁希涛：原文写为"哀希涛"，译者推测为印刷错误所致。袁希涛（1866—1930）：江苏宝山（今属上海市）城厢人。字观澜，又名鹤龄。清光绪举人，清末民初教育家。曾于民国八年（1919）十一月与教育界人士发起组织欧美教育考察团出国考察。他们一行先在美国考察了 20 余州，又到欧洲考察了 11 国，历时一年，于民国十年回国，到上海和黄炎培先生一起在江苏省教育会工作。不久在江苏组织"义务教育期成会"，联合各省共同探讨、推广并倡设乡村师范作为推行义务教育的基础。在他兼任江苏省学务处议绅时，创立了宝山绘丈学堂，并于吴淞积极参与筹办复旦公学（现复旦大学），担任复旦公学第一任教务长。后又筹商将德人创办的同济医工学堂（现同济大学）收回自办，迁校于吴淞。晚年在人文社编审史料。袁希涛还创办了绘丈学学堂，实行清丈，使宝山成为当年全国各县土地清丈的先行者。袁希涛著作如下：《义务教育商榷》《新学制与各国学制比较》《欧美各国教育考察记》《游五台山记》。

跋

　　大正九年，我们第一次远赴云冈游历，逗留了十七天，在走进并熟悉了那些石窟石佛的当时，并没有胸怀从艺术史乃至佛教艺术史的角度对那些石窟石佛进行研究的野心。我们只是陶醉于那浓郁的艺术美感中，并且全身心沉浸在了当地那铺天盖地的牧歌情调和遗迹旧城灰飞烟灭般的哀愁里。因此，我们只集中精力关注自己所喜爱的地方，也因此，关于第一窟至第六窟记述颇多，却反而疏略了对第十九窟的大露佛以下的西方各座石窟的观察。在《云冈日录》中，我只记述了当时的心绪，却缺乏客观记述以及进一步的研究，这一点恰似我的写生画——笔下所画未必与原物相像。因此，我认为这不是研究，而是一种文学，所以，才答应了座右宝出版社的请求，同意再版十八年前的旧书稿。然而，今天若欲再版发行，那么，仅凭昔日的天真烂漫或满腔好奇与热情断然不妥，云冈石佛如今已经开始以"学问"的形式被大规模地进行研究了。作为我自己，当年只要时间允许，我甚至也想把自己心中眼中的云冈发展成一门学问。然而，大正九年五月我已经定好了途经美国前往欧洲的行程了，因此，研究石佛的事业也就此完全中断了。

　　大正十三年，我从欧洲回来，发现我那为数不多的家产以及收藏品都已毁于东京大地震了，我那贫乏的中国学研究因而已失去了复兴的可能。因此，我开始将研究目标转向了天主教传教士文学。

　　当云冈石佛重新引起日本人的兴趣时，我也想起了我的《大同石佛寺》。因此，当我被鼓动着重印此书时，心想，至少可以把它当作一份对十八年前的云冈进行一种文学性追忆的材料，因此就应允了，只是想附上一份篇幅不长的《跋》使之重见天日。

　　匆匆忙忙中我写下了《大同石佛杂谈》，又翻阅了《魏书》（这也是跟齐藤君借的），对"北魏的造像"进行了考证。

　　我同时阅读了手边能够收集到的仅有的一点儿石佛研究文献。也正因此，我越发感到无法忍受将旧稿原封不动地重新印发出来。这时，《云冈日录》已经排版完毕了。时至今日，若想重新开始进行石佛研究，我既无这个精力也无那份毅力，所以，我决定至少也要补充进一部《云冈石佛文献摘编》以多少履行一下自己的责任。今年九月以来的几个月，对于我们几个人来说，是一年中最为忙碌的一段时间，就连稍稍涉猎一下那些文献的零星时间都很难抽出来。然而，对于此事，比起我来，齐藤菊太郎君更为热心，因而这部文献摘编的一半全亏他的帮助才得以制成。或许还有尚未受到瞩目的论文和考察记录等，但我们的收获的确超过了当初的预想，而且我们也管窥到"云冈石佛学"终于开始逐步巩固其兴建的基础了。作为我本人，从"杂谈"经过"造像"而跋涉到"文献摘编"的这个过程中扩大了知识面，增长了见识。以我此刻的感觉来说，《杂谈》等文章，要么应该全部改写，要么就该付之一炬。

佛教美术研究今后将更加兴盛起来，而且大有趋于完成的倾向，因此，我只希望这部增补重印的《大同石佛寺》也能成为这条道路上的一个路标，如此我将不胜欣慰。而同时，虽然都说比起龙门石窟来，云冈石窟没有什么变化，但即便如此，我们去参拜的时候与今日相比，至少感情方面的氛围已经很难说未发生巨大变化了。恐怕如果现在前往大同的话，和记述《云冈日录》的当时加以比较，必定要发出惊叹吧：从前是这个样子的吗？我想，这种文学性追忆情怀或许能对这部《云冈日录》有所裨益吧。然而，即便如此，如果没有山本明先生准许我们复制了那一百多张照片，本书的再版恐怕会失却大半依据吧。

此外，我还烦扰了东京帝国大学工学系的藤岛亥治郎教授，因而才能重新阅览到建筑学教室所保存的印度寺院和石佛的照片。借此机会，再次对藤岛、山本和齐藤三位先生表示谢意。

正如前面所述，在观看云冈石佛时，我并没有站在精确的科学观察角度上，而只凭偏爱喜好之情（在序文中已经提到）。因此，像第七窟前壁的大佛龛里的佛像（参见第六十三幅图片），铭记在我脑海里的是和那张照片印象完全不同的样子。我试图将自己的眼睛所看到的那座佛像用纸笔再现出来，可是，当时试过两三次都以失败告终。但我仍想把那种感觉稍微表达出来，因此，在这里插进一张当时未画完的写生画（参见第六十五幅插图）。

第六十五幅插图　第七窟前壁大龛里的坐像的头

这尊佛像，据关野博士的鉴定，似乎是隋朝所造的东方第三窟中的胁侍菩萨（参见第七十三幅图片），如此说来，果真是佛像雕刻史上极其重要的一部作品了。只是由于我们当时认为佛像整体部分并不协调匀称，所以，没有给予多少关注。尽管如此，德国汉学家贝尔契斯基（Perzynski）在其著作《中国诸神》（1920年出版）中，以不同于以往的观察者的视点拍摄了这尊佛像，留下了异常优美的影像（参见第一一二幅图片）。我认为，随着时代的变迁，人的喜好也会发生变化，从这个层面上讲，在观赏从前的艺术品时，无论如何都要如此修补一下。这是因为，由人类的双手创造出来的东西往往未必能够将其所思所想完全立体化。通过作品将从前的艺术家心中的形象在我们自己的内心进行再现，就是观赏艺术性（或者宗教性）作品的途径吧。也许，《万叶集》里的和歌也是如此，对和歌的解释在创作之初与现在未必是完全一致的。然而，通过和歌来获得与作者魂魄相通的感悟，这一点则要赖于我们迥异于他人的人生经历了。在此，请允许我把多次引用过的阿纳托尔·法朗士[49]的名言再次抄录于此：

> 我们今天即使读到《伊利亚特》或者《神曲》里的某一行，也并没有按照它们创作之初作者所思考的意味来进行理解。所谓的生存的过程，就是一个变化的过程。而能够记述我们思想的来世的生活，亦无法摆脱这个法则。

古代的艺术品也在不断地获得重生，并且，其中那些精美的艺术品还会在不断的重生中迸发出神奇的光芒与力量。

第六十六幅插图　云冈风景（由本书作者临摹）

中央第六窟和第七窟（参见第五十八幅、第五十九幅图片）等雕刻的风格起源，恐怕今后还会再次成为一个引人注目的问题吧。这是因为中央第一窟、第二窟等洞窟的构造形式十分奇异，同时，第十八窟、第十九窟中佛像的形态（大露佛）也迥然不同。松本文三郎博士认为，由于它们与笈多风格的雕刻相似处颇多，因而可以断定为云冈石窟初期的作品。我对此判断虽有异议，但那些佛像属于中印度型这一点却似乎不容

49　阿纳托尔·法朗士（Anatole France，1844年4月16日—1924年10月12日）：二十世纪前叶法国最具代表性的小说家、文艺评论家，曾获1921年诺贝尔文学奖。——译者注

置疑。只是由于后世的修补痕迹过重，所以，已经很难识别其原貌了。即使能够剥下其假面、清除其补色，无论是姿态还是衣服褶皱等属于中印度型这一结论恐怕也不会动摇吧。在此插进一张建筑学教室（指东京帝国大学工学系的建筑学教室。——译者注）里保管的照片（参见第一一三幅图片），把这幅照片与第五十八幅图片的下侧左方的立佛进行一下比较，一定会惊讶二者何其相似吧。

读三上次男先生的《从张家口到云冈》中的纪行文，得知在云冈一带出现了中国方面的军营和病房，而在紧邻石窟古寺的地方又建造了旧山西军的骑兵司令的别墅。说是没有变化，但同十八九年前相比还是有了很多改变，为了展示这种变化，在此插入一张笔者从中央第一窟或第二窟的楼门最上层俯瞰时所画的粗拙的风景画吧（参见第六十六幅插图）。

无论怎样写下去，我手中这支钝笔都无法溢彩生花，也罢，还是就此搁笔吧。

昭和十三年十一月六日（1938年11月6日）
在第二次地震强烈的余韵中。
（全稿完）

译后记

译稿提交后,我有时会不由自主地打开书中他的照片,静静地望着他温厚端正的相貌:合体而精致的西装,一如他严谨、内敛的性格,神情中流露出几丝清苦和寂寥。俗人若我,难免会如此慨叹:上天给了他那么丰饶的才情,怎么就不肯稍微多给他一点儿时间呢?

木下杢太郎,原名太田正雄,1885年出生于日本静冈县伊东市的一个米商家庭,曾用笔名有堀花村、地下一尺生、葱南等,他是一位跨越科学与文学艺术领域的多元化奇才:皮肤科医生、医学博士、东京帝国大学医学系教授、日本近代诗人、作家、画家、翻译家、美术评论家、天主教史研究家,等等。皮肤科里的"太田母斑"这一疾病名称,就是1938年时任东京大学医学系教授的杢太郎首先将"眼上颚部青色母斑"确定为一种独立疾患而以他的姓氏命名(太田正雄)的。作为日本近代知识分子"和魂洋才"的典型代表,杢太郎既怀有诗人的真挚情感与浪漫精神,又具有医生的清醒理性和人道主义情怀,不仅为创建日本的"中国学"发挥了重要的作用,也为在中西文化格局之下构建出融汇东西方人文主义精神的日本文化论做出了独特的贡献。

杢太郎曾于1921年到1924年在法国留学过三年,在进行医学研究的同时,掌握了法语,并且搜集了大量西方文化(日本时称"南蛮文化")文献和天主教(日本时称"切支丹")文献,更进一步加深了他对西方文化艺术的客观体验。而对一水相隔的中国,木下杢太郎的渊源其实更深。早在1916年,他就作为南满洲医学堂教授兼奉天医院皮肤科部长被派往奉天(如今的沈阳)工作,在那里工作了四年,对中国与中国文化的熟悉和理解也因此加深。辞去奉天的工作后,他便开始游历北京、青岛、济南、徐州、开发、洛阳、郑州等地,并一路撰文发往日本国内,较为系统地介绍了中国的佛教美术。经过北京之行,他的故国观念产生了变化,自此开始把"从中国以及中亚到印度一带的亚洲地区视为自己精神上的故国"。而另一方面,在中国工作和游历期间,他对当时日本的寺内正毅内阁一步一步走向侵略的危险预兆也感到忧虑;他看到并承认寺内内阁"侵犯他国主权的殖民"行径这一重大事实。这一点,他曾在1916年给好友、著名伦理学者和辻哲郎的信函中写过,字字句句,黑白分明。

1920年9月,木下杢太郎与画家、随笔作家木村庄八(1893—1958)远赴大同研究云冈石窟的石刻佛像。在大同的十几天里，他们每日写生、复制拓本以及平面图，并详细记录了每天的工作情况。1922年，二人把大同之行的文字记录整理出来后配上摄影师山本明拍摄的三十幅石佛寺照片由日本中央美术社出版后，在日本美术界以及佛教研究等领域引起了很大的反响，也令更多的日本读者第一次知晓云冈石窟这座佛教艺术宝库的璀璨与神奇。1938年，木下杢太郎对初版文稿加以修订，同时补充了当时能收集到的关于云冈石窟研究的绝大部分资料，由座右宝刊行会再版发行。杢太郎在本书《初版序言》和《再版序言》中对此皆有详实记述，不复赘言。

本书是按1938年的再版版本翻译的，也是《大同石佛寺》[1]的第一本中文版全译本。

《大同石佛寺》再版发行已经过去了四分之三个世纪，无论是大同还是杢太郎所长眠的东京都发生了沧桑变化。而《大同石佛寺》在绝版之后依然有众多的普通读者和研究者在反复阅读。著名评论家、医学博士加藤周一曾指出："木下杢太郎的杰作，当属《大同石佛寺》和《皮肤科学讲义》，并非那些带有古色陈风却反而投一部分喜好风雅奇趣者所好的诗句之类。"

《大同石佛寺》的杰出，在于它宝贵的学术价值和史料价值，其中的图谱以及照片在云冈石窟历经近百年风霜后的今天来看，尤其珍贵；作为一个中国人，更不免慨叹。

除了上述价值之外，作为读者和译者，我尤其珍视《云冈日录》这一部分，不仅因为其恬淡雅致的文笔，更因为那一页页细腻的描述让我管窥到了当年大同城乡的景致和当时普通百姓从容的日常生活与张张笑颜。忍不住，摘出了几段：

> 在北京时，许多人都打保票说山西省的乡下治安方面一点儿也不危险（指土匪之类），所以我们也没有怎么戒备。……眼前便展现出了一座虽有几分土气却令人心情舒适的、纷繁错杂的大城市。街上行人看起来个个面目和善，用来当作挽马桩的石狮子也和北京的不同，别具一番雅韵。

> 清晨的大同真是景致美妙，我们下榻于第一处旅店的心情也很愉悦。

> 对面的丘陵顶部，尚有模糊的绿色隐约可见。收获高粱颗粒的人们，几乎在田野上也看不见他们的身影了。实在是一个和平而宁静的地方。这里啊。我想，仅仅是为了品味抒情诗一般的风景这一单纯的目的也值得来这里走一趟啊。

景色如此，更有那些生动的人：

> 我们从大同的旅店带上了一个小厮和一名伙夫出发了。小厮名叫白玉堂，伙夫名叫方喜。小白今年二十五六岁，干净利索而且聪明机灵，所以，很快就和我们混熟了。

> 夜晚，旧历八月初八的月亮洒下了皎洁的清光，我们与小白和寺僧相伴，沿着静寂的山道散步，在走到丘陵南边尽头时，小白放开嗓子起头儿唱起了不知是

---

[1] 《大同石佛寺》是本书日文版书名。

什么戏曲中的某个唱段。虽然是一段适合配上"叮叮咣咣"这样的唱词的曲子，但是那唱腔却无限悲愁。也许，今后每当唱起这首歌，我们就会忆起今夜的情景吧。

我们和村民们渐渐熟悉亲密起来，尤其对村里那些体格健美的青年和眉目可爱的小女孩产生了怜爱之心……

不能忘记，行笔至此时，我甚至暗自祈望着三晋大地上这两位勤快、喜兴的年轻人"白玉堂"和"方喜"的后人们能看到这篇文字——哪怕就是这几段也好啊。这样，他们就会知道，在那个他们全家族几代人所不知道的地方，居然有一个外国人清晰地记下了他们的祖父抑或是曾祖父年轻时代在东华客栈做工时曾有过那么欢快的时日。这些记述虽非浓墨重彩，却自然写实，所以，弥足珍贵。

日本人资料意识强、长于搜集信息、全民性地日常性习惯做记录，普通百姓大多如此，而奇才杢太郎在与石窟佛像相关的所观所感之外的日常细节中都这样详实细致地做了描述，这一点，值得我们学习。

我一直认为，任何一个时代里，对普通百姓的日常生活进行的记录与描述，同样具有宝贵的人文史料价值。这一部分，让我们看到的，是作为一名学者的杢太郎的温和目光——他的描述，即使会有些许认知性误解，但看不到歧视或者同时代各色访华日本人中有意无意的居高临下。非但如此，他还一次次地讲到了有幸一睹云冈石佛是他最大的"幸福"：

我们渐渐习惯了在此地的生活。舍弃了诸如每日沐浴、每晚更衣这一类生活习惯，并且觉得这些生活习惯都已经不那么重要了。膳食总是令人心满意足，特别是在这片景色宜人、民风淳良的乡间，没有丝毫的危险。除了焦虑于每日的作业进展以外，我们忘却了俗世间的诸般欲望，恬然地过着每一天。我想，在我的一生中，这或许是最美好、最幸福的一段时光了。

不是悲哀，亦非欢喜，只是泪流难止一般的、无边无底的宗教式虔诚的情感一齐涌上我们的心头，并且，被深深地包围在"永远"这种情境里。

在一生的岁月里，能够看到这样的艺术作品，说它不是幸福又是什么呢！

杢太郎尽管不止一次情不自禁地提到了他的"幸福"，但不能忽视的是，他和木村由于衣裳单薄、"被褥短缺，所以，睡眠常常会受到影响，早晨偶尔会感到关节疼"，但二人依旧日出而作日落方息，乐此不疲。杢太郎乃至众多日本人身上吃苦耐劳、认真严谨的坚韧，常让人对这个民族做出更多的联想和思考。同样是给和辻哲郎的信中，他这样写道：

W君啊，我们俩每天都在竭尽全力地刻苦学习着，这是一种那些正在承受着考试蹂躏的学生们所体会不到的、毫无倦意的学习啊。我们总是这样想——许久以后，回想起这段日子的经历，我们一定会说，那真是一段实实在在的体会到生而为人的生存价值的一段时光啊。

译罢此作，似乎向杢太郎走近了一小步，他的诗句他的《百花谱》，在引着我进一步迈向他的世界。

2010年4月，对译稿做了第一次修改之后，我又一次来到了位于静冈县伊东市的木下杢太郎纪念馆。参观后，我踱到马路对面，望着这座他出生和长大的木结构房屋，久久没有移动脚步。

耳畔、身旁，是时远时近的海浪声，还有淡淡的樱花雨。

倏忽间，六易春秋，《大同石佛寺》随整套丛书终于问世了。深深地感谢主编张明杰老师！首先感谢张老师的信任和勇气，肯把这部杰出的作品交给学养薄浅的我来翻译；更感谢张老师多年来为这套丛书奔波于东京—北京之间所付出的种种辛劳。

初次见到张老师，是在2003年的早春，东京湾畔的一所大学里。彼时我是一介新任教师，懵懂无知。所以，与张老师虽名为"同事"，但我却一直视他为老师而深深敬重。依稀记得初次见面时，在场的还有其后也常一起聚餐的C老师、H老师、W老师、Y老师等几位同样温厚同样博学的师友。几位师友，于我，是在异乡风雨路上时刻都能望见的——校园灯盏。想到他们，只有一个朴素的词：温暖。

译稿最后的校改阶段，偶然发现我受到了无数关照与指教的责编老师，原来是我的校友——甚至，偌大的母校校园，我们读书时竟然是在同一座教学楼。

这是《大同石佛寺》一书带给我的又一份温暖。

该说的，只有这一句了：感谢！

赵　晖　2016年早春　于东京